宗教地政学から読み解く
タリバン復権と世界再編

中田 考
Koh Nakata

ベスト新書
616

タリバンの政権掌握から3年。各地で祝賀行事が行われた（2024年8月14日）

【地図1】アフガニスタン周辺地図（南西アジア）

［前書］

「国際秩序」の偽善と「世界再編」の胎動

2021年のタリバンの復権から既に3年近くが経とうとしている。その間に世界はすっかり様変わりしてしまった。

2022年2月のロシアによるウクライナ侵攻によって始まったウクライナ戦争は、ロシアに対して欧米（＋日本）がウクライナを舞台として代理戦争を戦う一方で、世界のほとんどの国々がロシアに加勢しないまでもロシアに対する欧米の「経済制裁」にも加わらず両陣営から距離を取るという世界の現状を浮き彫りにした。欧米にもロシアにも与しないこの勢力が「グローバルサウス」としてあらためて存在感を示すようになったのである。

さらに2023年10月のパレスチナのガザ地区を統治するハマス政権によるパレスチナを不法占拠するイスラエルへの侵攻によって始まったガザ戦争はイスラエル国防軍の報復

によって1万人を超える子供を含む3万5千人以上の民間人、190人以上の国連職員が殺戮される異常事態に至っている（2024年6月1日現在）（※1）。しかしガザで殺戮されるパレスチナ人たちの姿を世界中の人々がSNSやメディアを通じてリアルタイムで目にする中で、アメリカがイスラエルを無条件に支持しているためにいかなる「制裁」もできず、「国際社会」がなんら有効な手を打てないことが白日の下に晒されたのである。

ロシアのウクライナ侵攻においてはロシアによる民間人の殺害を戦時国際法違反として口を極めて非難した欧米であったが、ガザ戦争ではアメリカとそれに追随するヨーロッパ諸国は、ロシアの戦時国際法に反する民間人の殺害を質量共に遥かに上回り「人道に対する罪」「ジェノサイド（民族浄化）」にも該当するとまで言われるイスラエルの残虐行為を自衛権の名によって頑なに免責している。欧米のこの露骨なダブルスタンダードは、ヨーロッパにおけるユダヤ人のホロコーストの贖罪を無関係な中東のパレスチナに押し付けることで自分たちの責任を有耶無耶にしたままイスラエルと和解した欧米が語る「人権」や「国際秩序」の偽善を暴きだした。ウクライナ戦争によって、ロシアと欧米とグローバルサウスに三分されたかに見えた世界の構図は、エマニュエル・トッドが「西洋対世界」と呼ぶ（※2）ロシアと中国を含めたグローバルサウスと欧米（＋日本）の対立に置き換わりつつある。

なお現状は流動的であり、未来は多くの可能性にむかって開かれている。欧米がヨーロッパの時代であった19世紀の遺制である自分たちに有利なルールに固執し利権と覇権の維持に成功するか、自文化の普遍性要求を取り下げ共約不能な価値観を持つグローバルサウスの他の文明圏とのより公正な共存に配慮した新しい国際秩序の構築に成功するか、それともこのまま世界の分断が修復不可能なまでに進み第三次世界大戦のカタストロフによって灰燼に帰した焼け跡から全く新しい未知の世界が生まれるのかは、ガザ戦争の帰趨にかかっている。

日本は黒船来航のアメリカによる砲艦外交に屈して開国を強いられて不平等条約を結ばされて以来、脱亜入欧、富国強兵政策により日清・日露戦争、第一次世界大戦に勝利して西欧帝国主義列強の仲間入りを果たした。しかし第二次世界大戦で欧米を敵に回して敗北

※1　「国連、ガザでの死者は3万５０００人以上と明言　報告書の混乱めぐり」２０２４年5月14日付『CNN』、Nidal Al-Mughrabi「イスラエル軍、ガザ南北で攻撃強化　ラファで国連職員死亡」２０２４年5月14日付『Reuters』他参照。

※2　エマニュエル・トッド「いまや世界的な対立は西対東ではなく、西洋対世界である」『集英社オンライン』（２０２４年４月27日）https://shueisha.online/articles/-/201969?page=3

し海外領土の全てを失った。そしてその後アメリカの占領下で思想改造を施されて忠実な属国となり、1968年には敗戦後20年ほどの間にGDPでアメリカに次ぐ世界第二位の経済大国になった。しかしそれによって1970年代になると日米経済摩擦が生じ、遂にはアメリカの逆鱗に触れ、日米経済戦争とまで呼ばれる事態に陥る。更にソビエト連邦の崩壊により冷戦が終息すると、アメリカは中国と融和し日本を安全保障上の最大の脅威とみなす政策を取ったため、1990年代になると日本経済は急速に弱体化した。

第二次世界大戦と日米経済戦争によるこの「2つの敗戦」の教訓／トラウマによって、現在の日本の支配層は対米従属を国是としている。確かに今もなおアメリカは軍事、政治、経済、科学において世界最強の国家である。しかし長期的にみると第二次世界大戦終了時を頂点としてアメリカの漸進的凋落傾向は不可逆である。先行きの不透明な激動の時代にあって、日本がこれまでの脱亜入欧路線を貫きアメリカの忠実な属国であり続けるのが最善の選択肢であるかどうかは決して自明ではない。

私見では、軸足をアジアに置いてかつての中華秩序の周縁の立ち位置に還っていくのが最も「現実的」な未来に映るが、シン・中華帝国、シン・ロシア帝国、シン・大英帝国（アングロスフィア）のせめぎあいの渦中で微妙なバランスを取りつつ諸文明の交流圏として新たな国体を模索するという選択肢も考えられよう。

日本は近い将来、自らの存亡をかけた選択を迫られることになるかもしれない。その時に選択を誤らないためには、まず国際情勢の「客観的」な現状認識を持たねばならない。ところが私見では現状認識の最大の妨げになっているのが、2度にわたる敗戦のトラウマに基づくアメリカ従属志向、属国的心性である。

アメリカの長期的凋落は不可逆であるが、その象徴的出来事が「20年に及ぶ米史上最長の戦争となったが、米軍撤収期限直前の21年8月15日にタリバンがアフガンほぼ全土を掌握して、事実上、米国の敗北で終わった」(※3)アフガニスタンにおける対タリバン戦争であった。

西欧帝国主義列強の自滅によって一強の超大国となったアメリカの覇権の最初の陰りが見えたのは1975年の南ベトナム撤兵であった。しかしベトナム戦争での米軍の撤退による事実上の敗北は、東西冷戦の文脈で、北ベトナムが支援する反政府武装勢力「南ベトナム解放戦線」だけでなく、それを支援する同じ社会主義国家との戦争でもあり、その背

※3　「アフガニスタン戦争」2021年9月1日付『日本経済新聞』参照。

後には国連安保理常任理事国で拒否権を有する東側陣営の地域大国中国とソ連による政治、軍事、経済的支援が存在していた。つまり、ベトナム戦争におけるアメリカの敗北は、反政府勢力（テロ組織）に対する単なる軍事的敗北ではなくて、中露を2つの焦点とする東側（社会主義）陣営全体に対する西側（自由民主主義）陣営の盟主としての政治的な敗北であった。言い換えればベトナム戦争の敗北は、アメリカがその軍事力だけではベトナムを舞台とした東側との代理戦争にはもはや勝つ力がないことが明らかになった象徴的事件であった。

しかし冷戦終結後のユニポール時代の国連による公式なテロ支援組織認定のお墨付きを得て多国籍軍を率いて行った20年にわたる占領行政の末に、孤立無援の反政府武装勢力に過ぎないタリバンによる攻勢を前にしての米軍の完全撤退は、もはやアメリカには国連の傘の下にあってさえも独力では自分が作り上げた傀儡政権を守る力さえも残されていない事実を露呈させた歴史的転機であったのである。

2023年に勃発したガザ戦争は第一次世界大戦以来「国際秩序」の政治、軍事、経済、科学のみならず思想・言論空間をも主導してきたアメリカの覇権の決定的凋落と共にアメリカが築いたその「国際秩序」自体の道義的権威の矛盾と偽善をも暴き出した。しかしそ

アフガニスタンの首都・カブールで、タリバンの初代最高指導者（信徒たちの長）故・ムハンマド・ウマル師の没後10周年を記念する式典に出席するタリバン指導者たち（2023年5月11日）

の始まりはタリバンの復権であった。
　それだけではない。タリバンの復権は、ただアメリカと西欧の凋落の原因を分析し、近代西欧文明の問題を見直す契機となるばかりではない。私見によると、それはこの混沌の時代において偽善、妄執、物欲、増上慢の闇の中に仄かに垣間見える人類の未来への希望の灯台であり、狭く険しい迷路を照らす一条の光なのである。
　なるほどウクライナ戦争、ガザ戦争は、地政学的ハートランドから遠く離れた孤立文明圏の日本の住人にさえ、西欧文明とアメリカの覇権の問題性への気付きを与えてくれた。しかしロシアによる西欧文明批判には一定の説得力はあっても、あくまでもそれは過去志向のリアクティブ（防衛的、受動的）なものに過ぎず、新しい未来を切り開く異文明圏の人間の心にも響くプロアクティブ（攻勢的、積極的）なメッセージを読み取ることは難しい。つまるところロシアは世界を滅亡させるに足るだけの核兵器を有する軍事大国であり、ウクライナ戦争も自国の勢力拡大のために軍事力によって周辺国を侵略し支配する覇道に過ぎず、どのような理屈をならべようとも、すぐに鍍金の剝げるジンゴイズム（排外的愛国主義、盲目的主戦論）の偽装にしかみえない。

ガザ戦争もまた然り。可視化されたジェノサイドがあまりにも人倫に悖《もと》るものであったため、パレスチナ人への同情と共感がイデオロギーや文明の違いを超えて広まった。そしてその副産物として一部の覚醒した知識人たちがイスラエルの建国のイデオロギーであるシオニズムとそれを支えるアメリカの裏の顔であるクリスチャン・シオニズムの呉越同舟の異様な凶悪さに気付いたことが世界を動かすことになったのであり、ハマス（イスラーム抵抗運動）も「イスラエルによるジェノサイドを止めて助けてくれ」という以外には世界に発信すべきポジティブなメッセージは何も持っていない。ヨルダン川西岸のパレスチナ解放機構（PLO）を母体とするパレスチナ自治政府との統合も実現できないガザのハマス政府が口にするパレスチナ民族主義などシオニズムと大差ない人種差別主義でしかない。アラブナショナリズムの劣化バージョンでしかないパレスチナ民族主義にはアラブ民

カブールで、アフガニスタンからの外国占領軍撤退3周年を祝うタリバン戦闘員たち（2024年8月14日）

族主義を活性化しアラブの統一を促す可能性すらもない。ハマスだけでなくアラブ諸国にしても、イスラエルを非難するのもパレスチナの独立を支持するのもアラブの同胞の連帯によるものなどではなく、逆にアラブの分裂の現状の固定化のためであり、パレスチナ難民の受け入れの断固たる拒否宣言以上のものではない。仮にもしパレスチナ国家が樹立されたとしても、腐敗堕落したアラブ国家がもう一つ増えるだけでしかない。

「ロシアにもハマスにも現行の国際秩序に否を突き付けることはできても、それに代わる代案を示すことはできない」とは、そういう意味である。2001年のアメリカが主導した国連によるタリバン政権打倒と傀儡政権の樹立以来、いわば「国際社会公認のテロ組織」とされてきたことからも当然と言えば当然だが、タリバンは国際秩序を破る野蛮な無法者の悪党といったレッテルを貼られてきた。そしてアフガニスタンについて殆ど知らない日本人の間でもタリバンの悪いイメージだけは独り歩きしているようである。

私事になるが、自分と世間のタリバンのイメージのギャップの想像以上の大きさに私が気付いたのは、2023年に偶然観ていた「哲学界のロックスター」の異名をとるドイツの哲学者マルクス・ガブリエルと日本人のインタビュアーとの対談のユーチューブ動画で、普遍的な悪の存在の論証の中で、両者が悪の典型として躊躇なくいとも気軽に「タリバン」の名を挙げるのを聞いた時だった。

改めて考えてみると、30年来のアフガンウオッチャーである筆者にとっては身近な存在であるアフガニスタンもタリバンも、日本人の絶対多数にとっては殆どリアリティがない存在である。アフガニスタンは王政を倒した1973年のクーデター以来、内戦が続いており、2021年にタリバンが全土を統一した後も、タリバンを敵視する国際社会による内政干渉と弾圧などにより、外国人にとって安心して気軽に訪れることができる国ではない。事実、外務省のウェブサイトを見るとアフガニスタンには2024年02月13日付けで、全土にレベル4の「退避してください。渡航は止めてください」との退避勧告が出されており（2024年7月1日現在）、（※4）政府や国際人権団体などの関係者を除いてアフガニスタンへの渡航は極めて難しい。また時折、報道されるタリバンによる女子教育の禁止といった誹謗中傷記事を除き、日本のメディアでアフガニスタンに関する報道を目にする機会もほとんどない。

そうであるならば無法者の悪党だと思っていたタリバンがいきなり「人類の未来への希望の灯台」と言われても狐につままれたような気分になるだけだろう。そこで本書は以下の構成をとる。

※4 退避勧告の原文は以下の通りである。「アフガニスタンでは、2021年8月15日から、タリバーンによる支配が継続しています。この間、「イラク・レバントのイスラム国（ISIL）ホラサーン州（IS-KP）」等によるテロが継続して発生しています。また、殺人、強盗、誘拐などの犯罪は漸増傾向となっており、情勢及び治安は極めて不安定かつ危険です。アフガニスタンへの渡航は、どのような目的であれ止めてください。既に滞在されている方は直ちに退避してください」

しかし2024年現在、邦人が犯罪に巻き込まれたとの報告はない。国際社会が妨害しているだけでタリバン政権は観光客も歓迎しており、2024年5月にはアフガニスタンに入出国した外国人の数は2995人にのぼっている。

Cf., "Around 20 Foreign Tourists Explore Parwan's Topdare Stupa", Afghanistan Official Voice, 2024/3/23, Noorullah Zazai, "Nearly 2,600 foreigners visited Afghanistan last month", Pajhwok Afghan News, 2024/03/23.

例外は管見の限りバーミヤンで2024年5月にISKPによってスペイン人観光客3名が殺害されたケースだけである。

Cf., "Three Afghans, three Spanish tourists killed in Bamyan shooting", *Aljazeera* , 2024/05/18.

序論で『タリバン 復権の真実』に続いて本書を執筆するに至った国際情勢の変化とその歴史的意義について略述し、続いて第I部で地政学、比較文明論的視点から、学術的主要参考文献を示しつつタリバンの復権の意義を巨視的に明らかにし、第II部では現在の第二次タリバン政権（アフガニスタン・イスラーム首長国）の構造、制度と統治の実態について最新の情報に基づいて纏め多角的に考察し、第III部で、文明の再編と帝国の復興の文脈の中でシン・ムガル主義のタリバンの復権がいかなる意味を有するか、日本はそれにどう向き合うかを論ずる。

目次

Contents

【コラム】タリバンと女性問題

［序論］

タリバン復権から ガザ戦争へ

1．2021年8月15日 タリバン復権

2021年8月15日、アシュラフ・ガニー大統領が他の閣僚たちを見捨てて内密に独り飛行機で逃亡し、混乱のうちに撤退する米軍と対照的にタリバンが粛々とカブール（「カブール」は英語表記Kabulの誤読であり正しい発音は「カーブル」であるが本書では慣用に従いカブールと記す）に無血入城し、1973年のクーデターによる王制転覆以来の40年あまりにわたる内戦を収拾し、アフガニスタン全土に平和をもたらしてから3年以上が経った。この間にタリバンの結成から全土掌握、復権に至る歴史も少しずつ明らかにされつつある。

筆者は前著『タリバン 復権の真実』の「跋」で以下のように書いた。

西欧の世紀であった19世紀、西欧の自滅とアメリカの覇権の20世紀が終り、21世紀は中華、インド、東欧ロシア（正教）、イスラームの文明の再編と帝国の復興の時代となる。それが既得権を手放さないために自分たちに有利にできあがった旧システムの維持に汲々とする欧米先進国と、より大きな分け前を得るために、過去の帝国の栄光の復興を夢見て後発の新参者に有利にゲームのルールを変えようと謀る中国、ロシアなどの地域大国が、利害打算で地域ブロック化して離合集散する、精神性を欠く浅ましい弱肉強食の世紀になるか、それとも多民族、多文化、多宗教が共存する知恵を育んできた長い歴史を有するそれぞれの文明に、再び命を吹き込むことで甦った新たな「帝国」が共存する未知の可能性が開花する時代になるかは、我々の決断にかかっており、「文明の活断層」、「帝国の墓場」アフガニスタンに復権したタリバンといかに対峙するかは、その最初の試金石になる。著者はそう信じている。

2. 2022年2月23日 ロシアのウクライナ侵攻

「21世紀は中華、インド、東欧ロシア（正教）、イスラームの文明の再編と帝国の復興の時代となる」との筆者の予想は、2022年2月のロシアのウクライナ侵攻によって劇的な形で現実のものとなった。しかし後段の予想「既得権を手放さないために自分たちに有利にできあがった旧システムの維持に汲々とする欧米先進国と、より大きな分け前を得るために、過去の帝国の栄光の復興を夢見て後発の新参者に有利にゲームのルールを変えようと謀る中国、ロシアなどの地域大国が、利害打算で地域ブロック化（※5）して離合集散する、精神性を欠く浅ましい弱肉強食の世紀になるか、それとも多民族、多文化、多宗教が共存する知恵を育んできた長い歴史を有するそれぞれの文明に、再び命を吹き込むことで甦った新たな「帝国」が共存する未知の可能性が開花する時代になるか」は残念ながら、

※5 《モノ、カネ、情報、ヒトの国際的移動の半分以上は、三つの主要な地域ハブ、つまり、アジア、ヨーロッパ、北米の内部で起きている。―中略―一般に理解されているグローバル化はほとんど神話であり、実際に起きているのは貿易のリージョナル化（地域化）に近い。》シャノン・K・オニール「グローバル化からリージョナル化へ―― 地域内貿易の時代へ」『フォーリン・アフェアーズ・リポート』2020年9月号。

カブールで行われたタリバンの初代最高指導者・故ムハンマド・ウマル師の9回忌に出席したアブドゥル・ガニ・バラーダル師（2022年4月24日）

2023年10月に始まり半年ほどでパレスチナ人三万五千人（一万人以上の子供を含む）という21世紀最大の犠牲者を出したイスラエルによるガザ戦争でのジェノサイドの発生によって最悪の展開を見せている。

2022年2月23日、ロシア侵攻の当日、アメリカはロシアへの経済制裁を発表し日本は即座にアメリカの制裁に同調した（※6）。しかしこの経済制裁は欧米と日本が中心であり、ロシアが指定した「非友好国リスト」（2022年3月5日付）に基づいて数えたとしても、何らかの制裁に参加しているのは48カ国／地域にとどまった（※7）。

冷戦終結から2008年のグローバル金融危機（リーマン・ショック）までの時期は、アメリカが圧倒的な優位を確立しアメリカが単極をなした「プライマシー」「ユニポーラー・モーメント」の時代と呼ばれる。この時期のアメリカは所謂「リベラル国際秩序」の擁護者として振舞い、意に添わぬ国に「ならず者国家」のレッテルを貼り、人権侵害への懲罰、民主制の樹立、テロ掃討などの大義名分を掲げ、海外で次々と経済・軍事制裁を科していった。しかしその結果として２００３年にイラク戦争を始めた際には、自らが口にするルールに反し「帝国主義化」しているとの批判を浴び、一部の同盟国の間でさえ、一強のアメリカが恣《ほしいまま》に力を行使することへの懸念が強まることになった。そして２００８年にアメリカを震源地としてグローバル金融危機が発生するとアメリカ経済は大打撃を受け、力に任せた海外への介入から手を引くようになっていった。「ポスト・プライマシー時代」の幕開けである（※8）。

実のところ、アメリカのポスト冷戦期の「プライマシー・ユニポール時代」の絶頂を象

※6　アメリカの諜報機関はロシアの侵攻を正確に予測しており入念に準備をしていた。2014年2月、数百万人のウクライナ人による暴動で親クレムリン政権が倒されヤヌコビッチ大統領がロシアに逃亡した直後から、CIAはウクライナと共同で諜報活動を行い、反ロシアの諜報軍事活動への支援を強めていた。Cf., Adam Entous & Michael Schwirtz, "The Spy War: How the C.I.A. Secretly Helps Ukraine Fight Putin For more than a decade, the United States has nurtured a secret intelligence partnership with Ukraine that is now critical for both countries in countering Russia", *New York Times*, Published Feb. 25, 2024, Updated 2024/02/28.

※7　細江宣裕『ロシアによるウクライナ侵攻に対する経済制裁の計量的評価』国立情報学研究所（2022年4月）1頁参照。

徴する事件が、２００1年のアメリカ主導のアフガニスタン侵攻であった。中露のみならず独仏も軍事侵攻に反対したため国連安保理の決議を経ることなく侵攻しその正当性が問われた２００3年のイラク戦争とは異なり、２００1年の9・11アメリカ同時多発攻撃を承けたアフガニスタン侵攻は、安保理決議１３７8号により支持され、１３８6号で米軍を中核とする国際治安支援部隊（ＩＳＡＦ）が組織されたからである。ＩＳＡＦは改組を重ねたがアメリカは米軍を中核とする駐留軍を通じて国連の名の下に２０２1年までアフガニスタンを支配し続けた。

現在の国際環境はこのアフガニスタン侵攻の時代は言うに及ばず、イラク戦争の時代とも大きく異なっている。アメリカのプライマシーがまだ圧倒的であったため中露両国がアメリカに対抗することが現実性を有しなかったイラク戦争の頃とも異なり、ロシアのウクライナ侵攻にあたっては、侵攻後2年を経た２０２4年に至ってもロシアに対する経済制裁に加わる国は欧米と日本以外には殆どなく、逆に中国の習近平国家主席は２０２4年3月20日から3日の日程でロシアを訪問しプーチン大統領と会談し「新時代の全面的戦略協力パートナーシップ関係深化に関する共同声明」に調印している。

欧米に追随しないのは、中露だけではない。中国と並ぶアジアの大国インドもまたロシアに対する経済制裁に加わっていないばかりではなく、ロシアとの貿易を急増させ（※9）、ロシア制裁に距離を置くグローバルサウスが結束して現行の欧米に有利で不平等な政治経済ガバナンスを作り変えようと呼びかけている（※10）。そしてモディ首相は総選挙勝利後初めての外遊先としてロシアを選んだ（※11）。

※8　森聡「ウクライナとポスト・プライマシー時代のアメリカによる現状防衛」池内恵・宇山智彦・川島真・小泉悠・鈴木一人・鶴岡路人・森聡『ウクライナ戦争と世界のゆくえ』東京大学出版会（2022年8月）47－48頁参照。

※9　2021年4－12月に約65億8千万ドル（約8875億円）だったロシアからの輸入額は、22年の同じ期間でほぼ5倍の約328億ドルに急増し、特に石油関連の輸入額は約10倍になっている。石原孝「インド、ロシア産石油輸入が10倍に」2023年2月21日付『朝日新聞デジタル』参照。

※10　2023年1月インド政府は、「グローバルサウスの声サミット」と題する途上国間の会合を主催し、モディ首相は「グローバルな課題のほとんどはグローバルサウスが生み出したものではないが、私たちのほうがその影響を強く被っている」として先進国のせいで途上国が苦しめられているとの問題意識を強調し「解決策の探究についても私たちの役割と声が重んじられていない」と不満を表明し、またウクライナ戦争に対するインドの中立姿勢については、「グローバルサウスはつねに中道路線をとってきた」と述べ、インドを途上国の盟主と位置づけたネルー主義に回帰したかのようだとも指摘されている。2023年2月8日付伊藤融「ロシアのウクライナ戦争をめぐるインドの一貫した立場と今後」『国際情報ネットワーク分析ＩＩＮＡ』（笹川平和財団）参照。

※11　「インドのモディ首相、来週ロシアを訪問─中ロ接近をけん制」2024年7月2日付『Bloomberg』参照。

3. アメリカの覇権の衰退とグローバルサウスの台頭

ウクライナ戦争はアメリカの覇権の衰退と、中華帝国、ロシア帝国の復興とグローバルサウスの台頭によって欧米主導の現行の国際秩序が大きな転機を迎えていることを明らかにした。そして私見ではこの転機にあって文明史的に最も重要なアクターがタリバンのアフガニスタンなのである。それはなぜか。

ウクライナ戦争が露呈させた欧米中心の現行の世界秩序の問題は、基本的に第一次世界大戦と第二次世界大戦という2度にわたる内戦による西欧の自滅による19世紀の西欧帝国主義列強の植民地支配の終焉という枠組で理解すべきものである。

しかしタリバンの復権はそれでは説明がつかない。20年に及ぶ内戦を収拾し匪賊と化していた地方の軍閥を掃討し首都カブールを攻略し、イスラーム法による支配によって平和と秩序を回復し、アフガニスタンの90%以上を実効支配していたタリバン政権を国連は国際秩序を乱すテロリストとみなして承認していなかった。そして2001年の「9・11アメリカ同時多発攻撃事件」を機として有志連合を主導しアフガニスタンに侵攻し傀儡政権を組織したアメリカの侵略を国連は全面的に支持し、アフガニスタンの占領支配にお墨付

アフガニスタンの旧米国大使館前で、首都カブールを奪還してから1年を祝うタリバンの戦闘員たち（2022年8月15日）

きを与えた。
　その後20年にわたって国連の名の下にアメリカとそれに追随する西側諸国は治外法権の駐留軍の暴力を背景としレジスタンスを弾圧する恐怖支配によって、アフガニスタンの習律とイスラームを素朴に信ずる民衆を遅れた野蛮人として見下し、金と権力にあかせて西欧の風俗、遊興、流行を押し付け、英語のできる子供たちを洗脳し手懐け、アフガニスタンの伝統と宗教と産業を破壊し、人心を荒廃させ国民を分断し、社会に癒しがたい深い傷跡を残した。
　イデオロギー、政治体制、地域、文明、利害打算を超えて国際社会が一丸となって莫大な資金と兵器を注ぎ込み、何万人もの民衆の犠牲者を出して、傀儡政権を作り上げ操ってきたその20年の統

2021年8月15日、タリバンが大統領府を掌握した瞬間

治の結果が、現代史上に類を見ない政府閣僚全員を置き去りにしての大統領の逃亡による僅か一日の間の傀儡政府の消滅によるタリバンの復権であった。

2024年5月、『ニューヨーク・タイムズ』の記者アザム・アフメドによる「隠された歴史」と題するアフガニスタン戦争中に米軍が行った残虐なキャンペーンの画期的な検証記事が掲載された。アザム・アフメドはアフガニスタン人研究者のチームと共にカンダハルの占領軍の傀儡政権（ハーミド・カルザイ政権、アシュラフ・ガニー政権）の地方台帳に保管されていた5万件以上の手書きの苦情を調べ上げ、失踪が疑われる2200件近いケースの詳細を発見し、カンダハル中の何百もの家を訪ね、傀儡政権の治安部隊に連れ去られた、

あるいは殺されたという1000人近くの人々について調べ、400件近い事例の裏付けを取り、多くの場合、拉致の目撃者に話を聞き、アフガニスタン警察の報告書、宣誓供述書、その他彼らが提出した政府の記録によって、傀儡政府による拉致の事実を立証した。

アフメドは一連の詳細な現地調査の結果、世界で最も裕福な国アメリカが、最も貧しい国の一つに侵攻し、他の国でも試みて失敗したように、新政府を樹立してその国を作り変えようとしたが、冷酷な殺し屋に力を与え、腐敗を蔓延させ、「民主主義」の名の下に少数のマフィア・グループが一般市民を恐喝し賃金や物資を吸い上げるシステムを作り上げた結果、多くのアフガニスタン人は、米国が支援する政府とそれを象徴するものすべてを軽蔑するようになったことを明らかにした(※12)。

タリバン政権の成立により外国駐留軍が支配する傀儡政権の下での残虐な統治と厳しい報道管制がなくなり、報道の自由が緩和されたことにより、今後こうしたメディアによる検証報道によって、「国際社会」による占領行政下でのアフガニスタン報道の虚偽と欺瞞が暴かれ、統治の実態が明らかにされると同時に、タリバンに対する悪意ある誹謗中傷、

※12 Cf., Azam Ahmed, "A Hidden History —A Times investigation uncovered a brutal campaign enacted by U.S.-backed forces during the war in Afghanistan", *The New York Times*, 2024/05/22.

いわれなき非難や批判も少しずつ正されていくことになることを祈りたい。

首都カブールに無血入城し復権した後のタリバンは一か月余りの間に全土を平定し閣僚を任命し実効支配を確立し、20年ぶりにアフガニスタンに独立、平和、治安をもたらした。

それにもかかわらず、20年にわたってアフガニスタンを破綻国家化させてきた国連は現在に至るまでタリバンのテロ支援組織指定を解除しておらず、アフガニスタンの資産を凍結し自由な貿易を禁止することで、自分たちが口先で唱えるアフガニスタン国民の所謂「人権」を蹂躙しているばかりか、タリバン政権への誹謗中傷を続け、内政に干渉し、内乱を指嗾《しそう》し続けている。第二次世界大戦後、最悪の占領統治であった20年間の失政の反省が全くない国連や日本の外務省の無能さは病膏肓に入り救い難い。

4. 日本外交の脳死状態

外務省の公式ウェブサイトのアフガニスタンの項目は2024年7月1日の閲覧時点で令和3年5月14日が最終更新日で、国名は亡命政権すら存在しない「アフガニスタン・イスラーム共和国」、元首は他の閣僚を見捨てて国外に公金を持ち逃げして行方をくらましたアシュラフ・ガニーとなっている。令和6年になっても令和3年3月の情報をアフガニスタンの「基礎データ」として国民の目に晒し、より緊急性のある渡航情報さえもアフガニスタンについては2021年08月30日【スポット情報】でアフガニスタン全土に「退避してください。渡航は止めてください」とのレベル4の「退避勧告」を出したままで更新もしていない。外務省の無責任な判断停止は国連への盲従の結果であり、国連や外務省の判断能力のなさは火を見るよりも明らかである。しかし無能無策、というより有害無益な国連の時間と経費の浪費を横目にタリバン政権は粛々と国家運営を続けている。

アメリカが先導した「プライマシー・ユニポール」時代においてさえ、アメリカのみならずロシアや中国、インド、イラン、そしてムスリム諸国を含む国連加盟国の総意でテロ集団として扱われ様々な制裁を科されながら、核兵器は言うまでもなく重火器すら持たないタリバンがなぜ国際社会と、国際秩序を相手に戦い抜き、最終的に「勝利」を収めることができたのか。

そこで本書では2021年の復権以来のタリバン政権の内政と外交の基本的な事実を整理した上で、それを文明の再編と帝国の復活の巨視的文脈の中に位置づけることを試みる。そして我々がタリバンといかに対峙するか、という問題設定は、明治維新における脱亜入欧、富国強兵による近代化の道を選んだ我々がこれまで自明視してきた「ナショナリズム」、「主権」、「領域国民国家システム」、「人権」、「自由」、「デモクラシー」、「平等」などの概念、イデオロギーを歴史的に相対化することを要求する。

先を見通すことのできない激動の時代にあって、日本が自らの存亡をかけた選択を迫られることになった場合、筆者は『タリバン 復権の真実』で「『文明の活断層』、『帝国の墓場』アフガニスタンに復権したタリバンと如何に対峙するかは、その最初の試金石になる」と書いたが、今も筆者はそう信じている。

第Ⅰ部

タリバン研究の視座

［第1章］

地域研究と国際関係論

(1) 地域研究

2023年のガザ戦争、2022年のウクライナ戦争、そして2021年のタリバンの復権は、国際秩序の液状化を予感させるものであった。またそれは地域研究と国際関係論の欠陥を露呈させもした。

筆者はイスラーム地域研究者として、20年以上にわたって地域研究の世界に身を置いてきた。そこで身をもって知ったのは、「イスラーム地域研究」と銘打ってはいても、その実態は地域研究とは名ばかりで各国研究の寄せ集めでしかないことであった。そこではさまざまな制度、行動、言説の「イスラーム性」が問われることはない。イスラームとは無

カブールにあるタリバン旗を掲げたエルサレムの岩のドームを模した円蓋

縁なエジプト、サウジアラビア、イラン、トルコ、インドネシアなど現行の領域国民国家システムの中でムスリム国家とされている国々で、イスラームの教えに反する政治、社会、経済制度、立法、行政、司法、公共空間で語られる言説が、そして自称、他称の「ムスリム」と呼ばれる者たちの行動が、それぞれの国、集団、個人ごとの「～のイスラーム」という名の下に研究、発表されていただけであった。

「地域研究」というディシプリンは冷戦期のアメリカで発展した学問である。英米流の地政学（geopolitics）と同じく、第二次世界大戦の戦後処理を戦勝国（United Nations）によって西欧に有利に進めるために、領域国民国家システムを再編した国際連合（United Nations）を合法性の所与として、アメリカの「国益」に奉仕するという明確な価値志向を有する政策科学である。第二次世界大戦中にアメリカ戦争情報局の日本班チーフだった文化人類学者のベネディクトによる日本文化研究『菊と刀』（1946年）がその典型である。

地域研究は「地域研究」の名に反して、実際には各国研究の寄せ集めでしかないが、それには実務的な理由がある。まずフィールドワークを行うためにビザを取る、という第一歩からして研究者は領域国民国家システムの枠組みを超えられない。そして地域研究の対象となる多くの国では、調査の許可を取るのが難しく、政府に対して批判的な研究を発表すると入国ができなくなることもある。東南アジア地域研究者で『想像の共同体』の著者ベネディクト・アンダーソンがスハルト政権を批判して1972年から26年にわたってインドネシアへの入国を禁止されたことはよく知られている。ベネディクト・アンダーソンほどの大学者であればともかく、入国を禁じられフィールドワークができなくなることは地域研究者にとって「致命的」である。

筆者は在サウジアラビア日本大使館で専門調査員を務めたことからイスラーム地域研究に手を染めることになったが、本さえあればフィールドに行けなくても困らないイスラーム古典研究という本業があったからこそ、現行の全てのムスリム諸国を、イスラームの規

タリバン首相府

範的政治制度であるカリフ（イマーム）制に反する反イスラーム体制である、と批判することができたのも事実である。

そういった実務的な理由に加えて「一般的な傾向として地域研究者は研究対象地域に思い入れを抱きがち」と言われる。つまり地域研究者は研究対象国の政策に親和的になりがちであり、特に地域研究の主たる対象となる後発ネーション・ステートについては、その公定ナショナリズム（※13）に批判的になることが難しくなる。公定ナショナリズムを有する対象国同士が敵対している場合、当事者国同士の対立の解決が難しいだけでなく、地域研究者同士の客観的状況認識のすり合わせすら困難になる。ロシアのウクライナ侵攻をめぐる状況、ハマスによるイスラエルに対する侵攻とイスラエルによるパレスチナ人に対するジェノサイドもそれに当てはまる。

※13　「公定ナショナリズム」とは「『国民』統合を目指して政治的に導入されたナショナリズムを指す概念」。江藤名保子「現代アジアにおけるグローバル化と排他的ナショナリズム」『アジア研究』61巻4号（2015年）77頁（注5）参照。

(2) 国際政治学

国際政治学（英米流地政学）は直接的な政策科学であり、研究者も戦争を含む国家間のパワーゲーム、ヘゲモニー闘争における情報戦の当事者であり、中立でないことは当然の前提である。国際政治学（英米流地政学）については次章で改めて論じよう。地域研究は学際研究であり直接戦争を扱うことはまれである。それゆえ情報戦の当事者であるとの意識が研究者自身に薄いだけでなく、外部からもそのようにはみなされないことが多い。とりわけ研究対象国が、紛争において欧米陣営に属している場合、自分たちの見方は国際社会の合法性を代表しているかのように表象され、紛争の当事者のポジショントークであるという党派性が隠蔽されがちになる。

ロシアのウクライナ侵攻において、日本はアメリカが主導するNATOなどの対ロ経済制裁に加わり、ガザ戦争において日本はそもそもパレスチナを国家承認すらしておらず、はっきりと戦争の一方の当事者の立場に立っている。これは第二次世界大戦の敗戦処理において包括的な講和条約を結ばず、ソ連との和平条約を棚上げして、NATOのような軍事同盟に加入せずにアメリカの核の傘に入る安全保障体制を構築した日本としては当然の政策決定である。しかし研究者については、欧米の自称する自由民主主義の陣営に自覚的に加わることは、価値観や信念に関わることなので個人の自由であるが、それが認知の歪みをもたらし、国際秩序の変動を見逃すことに繋がるとすればそれは学問的に看過できない。ロシアのウクライナ侵攻は国際法に反する不法な行動であり、対ロ制裁が国際社会の認める正義である、イスラエルのジェノサイドは国際社会が認める自衛権の行使であり制裁に値しない、とナイーブに信じ込むようでは状況認識を誤ることになる。

表層的な対象地域に対する感情移入と、その深層にありそれとは原理的に矛盾するがより意識化が困難な政策科学としての帰属国家の価値観、イデオロギーの自明視、党派性に対する無自覚は、地域研究が構造的に抱える問題である。しかし更に根本的な問題が存在する。それは国際法、国家、主権、国民、国境、条約といった領域国民国家システムの概念構成自体である。つまりそれらは現実に客観的に実在する対象ではなく、17世紀の西欧にその原型が成立し西欧の列強による世界の植民地化、帝国主義的支配の中でできあがった心的構成物、虚構であるということである。それは単に能記（signifiant）、所記（signifié）の関係が恣意的（arbitrary）である、といったことではない。そうではなくてそれらの概念は規範的概念であり、情報戦、認知戦の武器として用いられてきたことが問題なのである。

しかし領域国民国家システムの問題性については第Ⅲ部「文明の再編と帝国の復興とタリバン」第1章「領域国民国家システムの成立と現状」で詳述する。

［第2章］
宗教地政学

(1) 地政学

地政学はドイツ系のGeopolitikと英米系のgeopoliticsに大別される。ドイツ系のGeo-politikは19世紀ヨーロッパ的な植民地帝国（あるいはその支配民族）、英米流のgeopoliticsは国民国家を主要アクター（行動主体）とするという違いはあっても、その出自からしてどちらも、「ある一つのアクターの立場から、いかに所与の地理的現実、既成秩序の枠組みを利用してその国益を極大化することができるか」を研究するものである（※14）。そのためどちらも「植民地帝国」や「国民国家」という特定のイデオロギー集団に奉仕する、極めて党派的な学問であることに変わりはない。

※14　拙著『宗教地政学から読み解くロシア原論』（イースト・プレス2022年）27－28頁参照。

地政学は長期にわたって変化しない地理的環境が政治に与える影響を研究する学問であるが、国民国家の概念がまだ欧米を超えて拡がらず国境が不可侵とされるより前、欧米列強がアジア・アフリカ諸国を植民地化した帝国主義の時代に生まれた学問である。地政学は、国際法上の国境と、地理、文化、経済圏域の境界の矛盾、不整合を所与の出発点とし、その調整を目的とする。それゆえ後発資本主義国として第一次世界大戦の戦後処理のヴェルサイユ体制に挑戦するナチス・ドイツの領土拡張政策に奉仕した悪の学問として地政学は一度は封印された。その地政学が蘇ったのは、ソ連の消滅による二極構造の崩壊、冷戦の終結と共に、第二次世界大戦を収束させたヤルタ体制の下での領域国民国家システムが破綻し、法的国境と、地理、文化、経済圏域の境界のズレが再び顕在化したことによる。

世界の動きにはいくつものレイヤーがある。経済ではキチン循環（約40か月の短期波動）、ジュグラー循環（約10年の中期波動）、コンドラチェフ循環（約50年の長期波動）と呼ばれるそれぞれ別の要因による短期、中期、長期の変動が知られている。

タリバンの復権を例に取ろう。2019年9月7日トランプ米大統領は、キャンプデービッドで開催を予定されていたタリバンとの極秘会談をキャンセルし、1年に及ぶ「和平交渉」の突然の中止を発表した。ところが3日後の9月10日にはトランプはこの会談に強硬に反対していたボルトン安全保障担当大統領補佐官を解任した。ボルトンの解任を承けて、タリバンとの交渉の障害であったボルトンがいなくなったことでトランプが交渉を再開するのではないか、との憶測が飛び交う中、12日カタルのタリバン報道官はトランプに18年にわたり続くアフガン内戦終結に向けた和平協議の再開を呼び掛けた。

政治の世界ではこの6日間の展開は典型的な超短期波動であり、主として政治家などのアクターの個人的行動によるものである。こうした動きは学問の対象にならない。中長期的な研究を本務とする大学や研究機関などの研究者は言うまでもなく、中短期的な動きを対象とするシンクタンクやマスメディアの調査員、分析者なども全く予想もできず、後追いの報道、「後出しじゃんけん」のような誰でも思いつく説明に終始していた。このような超短期的な動きが研究、分析の対象にならないのは構造的な問題であり、あたかも分析、予想ができると述べる者たちは、「占い師」や「山師」の類に過ぎず、短期的な安全保障、治安対策の議論は殆どその同類である。この超短期的動きに対してできることは、事後的に事実を幅広く取材し丹念に調べ上げ、それを詳細かつ正確に報告、報道することであり、それによってはじめて中長期的研究、分析が可能になる。

短期的な動きとは、トランプ政権とタリバンとの「1年に及ぶ和平交渉」、即ち米国アフガニスタン和平担当特別代表ハリルザドがカタルのタリバン代表部との間で進めてきた外交活動を指すが、それに反対していたのがボルトンであった。そしてハリルザドとボルトンの対立の背景には、アフガニスタン経由でトルクメニスタンの石油天然ガスなどの中央アジアの資源にアクセスするためにタリバンとの和平を進めてきた米国の石油産業の利益を代表するアフガン人のハリルザドと、アフガニスタン内戦で得た権益を守ろうとする産軍複合体の利益を代表するネオコンのボルトンの対立という、米国内政の経済政治的要因があった。

しかしアメリカがアフガニスタンに侵攻しタリバン政権を瓦解させたのは、「9・11アメリカ同時多発攻撃」を計画したビン・ラーディンが率いるアルカーイダがタリバン政権の庇護下にあったからであるが、そもそもビン・ラーディンがアメリカを攻撃したのは、1990年のイラクによるクウェート侵攻を口実にアメリカが多国籍軍を組織しイスラームの聖地であるアラビア半島に軍を送り1991年にイスラームの同胞の国イラクを武力で蹂躙したからであった。

この間1993年にアメリカの国際政治学者サミュエル・ハンチントンが『フォーリン・アフェアーズ』で発表した『文明の衝突?』は、極めて長期的スパンを有する文明的

ウサーマ・ビン・ラーディン

要素の国際政治における重要性を指摘したものであった。しかし事態は更に複雑である。アフガニスタンにタリバン政権が誕生したのは、1979年にアフガニスタンに侵攻したソ連軍をジハード（武装闘争）によって撤退させたムジャーヒディーン同士の内戦を収拾させたためであった。そしてビン・ラーディンはムジャーヒディーンたちの対ソ連ジハードに義勇兵として参加していたのであり、アルカーイダの母体はその時の彼の同志たちであり、彼らはアメリカのCIAによって資金と武器の援助を受けていた。当時はアメリカとソ連は東西冷戦によって対立しており、アメリカはソ連との戦いにビン・ラーディンたちを利用したのであり、結果的にアフガニスタン侵攻の失敗によりソ連は崩壊への道を辿ることになった。

ソ連のアフガニスタン侵攻に対するCIAのムジャーヒディーンへの資金、武器援助は当時の文脈から冷戦の枠組で解釈されるのが常である。しかしこの戦いは、19世紀から20世紀にかけての英露両国によるアフガニスタン争奪戦争「グレートゲーム」の延長ともみなされる。「グレートゲーム」は地政学上、大陸国家（ランド・パワー）ロシアと海洋国家（シー・パワー）イギリスとの抗争と分析されるものであり、それゆえロシア帝国の継承国家である大陸国家ソ連とイギリスの地位に取って代わった海洋国家アメリカによるアフガニスタンをめぐる戦いは「新グレートゲーム」とも呼ばれる。

9月7日のトランプによる和平交渉中止発表、10日のボルトン解任、12日のタリバン広報官の交渉再開の呼び掛けには、トランプ個人の決断という超短期的要因の層、ボルトン安全保障担当大統領補佐官、アフガニスタン和平担当特別代表ハリルザドの対立の中で1年にわたって進められてきた短期的な外交交渉の層、アフガニスタンの内戦の継続による権益の維持を望む米国軍産複合体とアフガニスタン和平による石油天然ガス新規開発を狙う石油産業による対立の中期的な経済要因の層、大陸国家と海洋国家の覇権争いという長期的な地政学的要因の層、イスラーム文明と西欧文明の対立という超長期的な文明論的要因の層、というそれぞれ異なるタイムスパンと別の力学、論理で動く重層的な背景があり、その意味と今後の展開を予想するには、それらの要因を考えあわせ総合的に判断する必要がある。

地政学は長期にわたって変化しない地理的環境が政治に与える影響を研究する学問であ

2020年2月29日、カタールのドーハで和平合意に調印した米国のハリルザド・アフガニスタン和平担当特別代表（左）とタリバンのバラーダル師（右）

るが、ロシアを含む欧米列強がアジア・アフリカ諸国を植民地化した帝国主義の時代に生まれた学問であり、欧米以外の文明は視野に入っていない。しかし「文明の衝突」を経験した21世紀の地政学は、地理的環境と同じように長期にわたって変化しないタイムスパンを持つ文明を組み込んだ文明地政学とならざるを得ない。そして文明を考慮に入れ地政学の地平を広げたのが、「文明地政学（civilizational geopolitics）」を唱道する「ネオ・オスマン主義者」アフメト・ダウトオウル（トルコ元外相、首相）であった。

(2) 文明地政学

ダウトオウルはその『文明の交差点の地政学――

トルコ革新外交のグランドプラン』（書肆心水２０２０年）の中で国際紛争の原因を分析して言う。国民国家の成立という現象は、それが国際システムの主要素になったことで、政治的共同体としての民族、この共同体が主権者として組織化された国家と、その政治的主権が通用する領域である国家概念を内包する「内」という全体性と従属性を共に含む概念を生み出した。地理的空間が、主権の客体としての国家の間で分割され、その分割が国際法的秩序となることが、近代的な国境の概念の基礎となる。

国際的かつ地域的な地政学的紛争が起きる場では、この国境の定義が想定する主権の領域と、物理、経済、文化地理の織りなす内的関係の領域が異なっている。この（国際法的）枠組における国境と地政学におけるベルト、フロンティアの間の違いは極めて重要である。物理、経済地理の観点から互いに補完しあう領域を構成する地政学的「ベルト」と、それに対立する様々な定義による国境が、互いに異なる単位であることは、この「ベルト」にそって主権（国家）が衝突する可能性を常に亢進させる。この植民地主義帝国の崩壊と共に現れた国民国家の間の衝突の多くは、（国際）法的国境と地政学上の断層が一致しないことが重要な一因となっている。

ダウトオウルはその文明地政学の分析を始めるにあたって、国際政治の主要アクターである国家の政治力、即ち「国力」を「短期的、中期的には、自己の意思で変えることのできない要因（変数）」と、変化しない要因（定数）に分ける。国力における定数とは、⑴歴史、⑵地理、⑶人口、⑷文化、であり、変数とは⑴経済力、⑵技術力、⑶軍事力、である。しかし、文明地政学は純粋に客観的な経験科学ではなく主体的な実践の学である。「国力」は、その客観的な条件である定数と変数の単なる総和ではない。それらの定数と変数に意味を与えるのは、人間の主体的要素、⑴戦略思想、⑵戦略計画、⑶政治的意思なのである。文明地政学とは、国力の定数と変数を正確に把握したうえで、それらを国益に適うように最適に調整する的確な判断、決断へと導く実学である。

文明地政学において重要な定数は地理と歴史である。ダウトオウルの文明地政学の特徴は、国家をアクターとするリアルポリティクスの分析に、近代国民国家を遥かに超える長期的なタイムスパンの歴史を有する文明のパラメーターを持ち込んだことである。ダウトオウルは、ポスト冷戦期の国際情勢における顕著な特徴として、非西欧文明圏の文化的覚醒の顕在化をあげ、特にイスラーム文明圏の地政学的重要性の高まりを指摘している。

20世紀は西洋文明の拡散の時代であったと同時に、「西洋の没落」（シュペングラー）の時代でもあった。そして21世紀は西洋文明の覇権の下にあった世界の諸文明がかつての栄光

オスヴァルト・シュペングラー

を取り戻すために再起動する時代となる。そして文明の再編は、文明の中核国家、帝国の復興の形を取って進行し、西欧文明のローマ帝国の復興としてのEUの成立と並行して、中華文明の最後の帝国清朝（大清大国）の継承国家中華人民共和国、正教文明の最後の帝国ロマノフ朝（ロシア帝国）の継承国家ロシア共和国は、既に領域国民国家の枠を超えて帝国として振舞いつつある。ながらく世界国家を持たなかったインド文明はインド共和国、イスラーム文明においてはオスマン朝の継承国家であるトルコ共和国、そしてシーア派のイラン・イスラーム共和国もまた帝国への道を歩みつつある。

　これらの新しい帝国の動向は、領域国民国家をアクターとして分析する国際政治学の手法だけでは十分に理解することができず、地政学的視座が必要となる。これまでに現存した文明は、すべて宗教を基礎としている。現在世界でヘゲモニーを握っている西欧文明もまたそうであり、カトリック／プロテスタント・キリスト教を出自としている。東欧正教文明はオーソドックス・キリスト教を、インド文明はヒンズー教、中国文明は儒教を基礎にしている。

地政学とはその名の通り、地理的環境と政治の関係を分析する学問であるが、伝統的に軍事、経済を重視してきた。宗教地政学は文明、特に文明の基礎としての宗教に着目する。しかし宗教地政学とは世界の動向の原因を、宗教に還元して説明することではない。そもそも筆者の言う「宗教地政学」における「宗教」とは文明の基礎となるに足る知的、霊的な創造性を有する概念的実体であり、名ばかりの形骸化した冠婚葬祭などの祭礼、行事、習俗のことではない。現代世界にはすべて西欧文明の特徴が刻印されており、「宗教」もまた例外ではない。つまり全世界が領域国民国家システムに編入された現代世界においては、イスラーム文明圏でも、インド文明圏でも、「宗教」、「世俗」、「無宗教」などのカテゴリー自体がキリスト教の概念を暴力的に押し付けられたものなのであり、イスラーム文明圏においても、現在「宗教」と呼ばれているものは、イスラームではなく、西欧の「宗教」の概念に則って裁断され切り詰められた「イスラームの残骸」に過ぎないからである。「宗教」の本質を見据えることで、イスラーム、キリスト教、ヒンズー教の残骸の表層に惑わされることなく、どの文明圏においてももはやその主要宗教が国家崇拝になっている現実を認めた上で、今は抑え込まれて姿を隠しているがかつては文明を生み出した宗教の創造力がまだなお伏在しており再び政治を動かし既成の秩序を作り変えることができるのか否かを探りあてることが、本書が方法論とする宗教地政学（※15）の役目なのである。

※15　宗教地政学について英国クイーンズ大学の人文地理学者トリスタン・シュトルムは「宗教と地政学は同じく他者を同一化すると共に排除する様式である。地政学は死の克服や、天国での救済の実現のための実践領域ではないが、しばしば現世的な、あるいは内心の救済を与える場ともなっている」と述べ、地政学が宗教と類似したイデオロギー性、実用・実践性を有することを指摘している。それゆえ、「国家」の単位を分析対象とする地政学に「宗教」の観点を加えることで、近代合理主義では説明がつかない人々の行動目的をより高い解像度で分析することができるようになる。拙著『宗教地政学から読み解くロシア原論』（イースト・プレス２０２２年）27－28頁参照。

［第3章］

シン・ムガル主義

(1) なぜタリバンは勝つことができたのか

核兵器は言うまでもなく重火器すら持たないタリバンが、国連加盟国の全てから「反社（反国際社会）」の汚名を着せられ経済制裁を科され、世界覇権国アメリカから「賞金首」として付け狙われながらも、世界中の全ての国家を敵に回して、20年にわたって戦い抜き最終的に「勝利」を収めることができたのは、タリバンが依拠する「何か」が、19世紀西欧的帝国主義の遺制である現行の国際秩序に対抗しうる力を有しているからに他ならない。本書はその「何か」を1526年から1858年の間インドを支配したムガル帝国に因んでシン・ムガル主義と呼びたい（※16）。

そこで詳細については第Ⅲ部「文明の再編と帝国の復興とタリバン」で後述するとして、本章では筆者がなぜシン・ムガル主義（※17）を「人類の未来への希望の灯台」とまで呼ぶのかについて、簡単に纏めておこう。

(2) 世界帝国としてのムガル帝国

比較宗教学者でインド文明を専攻とする保坂俊司は『インド宗教興亡史』(ちくま新書2022年)の中で述べている。

約300年前、つまり現在のように欧米諸国に富と政治的・軍事的な力が集中していなかった時代、中国とインドは超大国だった。産業革命による生産力が世界を席巻する以前、西洋からの使節団に対して、ムガルの皇帝が「世界には3つの中心がある、インドと中国とトルコである」と、言い放った世界である。もちろん来る世の中が古代や中世に回帰するわけではないが、優れた文明を形成してきたそれらの地域の復活劇が、いま始まろうとしているのだ。この事実を視野に入れた新たな国際的なビジョンを考えることは、我々には必要な視点ではないだろうか。

ムガル帝国の地図

筆者もまたシン・ムガル主義を知ることで、先の見えないポスト・プライマシー時代に、帝国の復興と文明の再編の時代を生き抜くための一筋の光明を見出すことができると信じている。

シン・ムガル主義の第一の特徴は現在の文明の再編、帝国の復興の原型となる18世紀の世界における帝国の多極並立状況における一つの極であることである。つまり西欧（神聖ローマ帝国）、オスマン帝国、サファヴィー朝ペルシャ帝国、ムガル帝国、ロマノフ朝ロシア帝国、大清帝国（日本帝国もそれらの帝国の中に数えてもよいかもしれない）の一つである。

第二はその融合性である。それはイスラーム文明の下位文明のインド・イスラーム文明と呼ぶべき独自の世界帝国を作り上げた。それはイスラーム帝国としてスンナ派とシーア派のそれぞれの系譜と、アラブ、ペルシャ、トルコ、そしてパシュトゥーン（アフガン）のエスニシティ集団の混交、そしてティムール帝国の継承国家としてチンギス統原理のような世界観をも取り込み融合した多元的重層性を意味する。

第三はムガル帝国滅亡後の帝国の継承国家をドゥッラーニー朝アフガニスタンとみなすことである。実はアフガニスタンは1931年に日本と国交を樹立しているが、これは欧米諸国を除いて国交を結んだ順位としては1924年のトルコ共和国、1929年のパフレヴィー朝イランにつぐ3番目の国であった。というのもこの時点で西欧列強の植民地化を免れて独立の外交権を持つムスリム国はこの3国しか存在しなかったからである。特筆すべきは、1919年にアマーヌッラー・ハーンがイギリスとの戦争（第三次アフガン戦争）に勝ってアフガニスタン首長国として完全独立を勝ち取り、1926年には国名をPādishāhi-yi Afgānistān（アフガニスタン帝国）と改称していることである。

Pādishāhi-yi Afgānistān は通常、アフガニスタン王国（kingdam）と訳されるが、「パーディシャー」はペルシャ語で皇帝を意味し、ムガル帝国の元首の称号もパーディシャーであり、オスマン帝国の元首の称号も、パフレヴィー朝イランの皇帝の称号もパーディシャーであった。そしてなによりもアフガニスタンは当時の世界覇権国であった大英帝国から戦争で独立を勝ち取った唯一のムスリム国家であった。Pādishāhi-yi Afğ̄ānistān の国号は、ムガル帝国の継承国家であり、オスマン帝国滅亡後のスンナ派イスラーム世界の盟主であるとの自負を表しているのである。そして第二次世界大戦後に至ってさえなお、自力で独立を勝ち取ることさえできず宗主国イギリスから独立を恵んでもらったインドでもパキスタンでもなく、アフガニスタンこそがインドを支配するムガル帝国の継承国家であるとの意味がシン・ムガル主義の意味の重要な意味の一つなのである。

そして現代史に話を繋げるなら、10年にわたる戦いでソ連軍を撤退させた後、20年にわたる戦いでアメリカ軍を撤退させ実力で独立を勝ち取り、「帝国の墓場」であることを実証したアフガニスタンの不羈《ふき》独立、尚武の「強さ」もまたシン・ムガル主義の特質である。

※16　後述するが英語ではすでにNeo-Mughalismという語が存在する。【脚注102参照】しかし、日本語では、カタカナ表記の「シン」が「新」「真」「深」「神」などの読みの可能性を不確定なまま読者に委ねた「シン・ゴジラ（Shin-Godzilla）」にあやかって、よりニュアンスに富んだ「シン・ムガル主義」の名を採用したい。

※17　「Neo-Mugharism　ネオ・ムガル主義」の語はもっぱら否定的な文脈で用いられている。たとえばギリシャのジャーナリストP・アントノプロスはトルコに対する新オスマン主義に擬えて、ネオ・ムガル主義を「ジャンムー・カシミール地方の征服という拡張主義の野望を抱きネオ・ムガル主義のイデオロギーを掲げ自分たちはイスラーム化したインド人ではなくトルコ系征服者の後継者であると信じる」パキスタンのイデオロギーと考えている。Cf., Paul Antonopoulos, "Indian-Greek ties have exciting prospects, built on the legacy of Alexander the Great and King Porus", *The Week*, 2021/01/27.

(3) タリバンのシン・ムガル主義

前節で述べたシン・ムガル主義の特徴は全てアフガニスタンかムガル帝国の継承国家であることの説明であって、タリバン政権に特有なものではない。そしてそれは「ウクライナが軍事大国ロシアの侵略に耐え抜き独立を守った」、「パレスチナ人がシオニストのジェノサイドを生き延び国家承認を勝ち取った」といった、人類の分断を称揚する人道を蔑《なみ》する愚劣なナショナリズムの陳腐な武功のストーリーに過ぎない。

そこには「人類の未来への希望の灯台」となるようなものは何も見出すことはできない。事実、イスラームのジハードを掲げてソ連軍とその残忍な共産主義者の傀儡政権を追い出したムジャーヒディーンの軍閥は権力と利権を奪い合って内戦を引き起こして盗賊化し、国家建設に失敗した。

それまでのアフガニスタンの国家とタリバン政権の違いは、タリバン政権がデオバンディー学派というスンナ派ハナフィー法学派の近代改革主義者の学徒集団の世直し運動を母体にしていることである。そしてデオバンディー学派は南アジアを中心に中央アジアからイギリスまで広がる広大なデオバンド学院のマドラサの分校のネットワークを通じて、

マドラサの勉強風景

イスラーム学者として世界各地で尊敬される学校教師、導師、説教師として自由に行き来することができる。

タリバンは、形而上学、論理学、法理学の洗練されたプログラムを身につけた学徒集団であれば、国境を超えた学問ネットワークによって、国連加盟国の全てを敵に回し世界中で苛酷な弾圧を被りながらも、「国際社会」からの金と地位をちらつかせた懐柔、切り崩しの工作にも動じず分裂することなく20年にわたって粘り強い武装抵抗運動を継続することができることを身をもって実証した。つまりタリバンは領域国民国家システムの鉄の檻を打破する理知に支えられた人間の連帯と共生の在り方が実在するとの希望を示したのである。

デオバンディー学派とそのネットワークについ

ては、第Ⅲ部「文明の再編と帝国の復興とタリバン」の2章「文明史、地政学上のタリバン」で詳しく論ずるが、タリバンが「人類の未来への希望の灯台である」のは、人類が領域国民国家システムという部族主義に立脚する人道に反する政治体制の超克の道筋を示すからだけではない。タリバンを「希望の灯台」と呼ぶのは、人類が現在直面している本当の危機、すなわち万物が有限の存在であり、人間も他の被造物と束の間の無意味な生を生きた後、いかなる価値も残らぬ全《まった》き無に帰し、終には全ての人類も無に帰すとのニヒリズムを拒否し、被造物の宇宙の外にある唯一の人格神からの呼びかけを告知する者だからである。しかしその詳しい意味は第Ⅲ部「文明の再編と帝国の復興とタリバン」の3章「タリバンと新しい世界」の中で開示したい。

第Ⅱ部

タリバンの現在

［第1章］

タリバンの復権

(1) アメリカのアフガニスタン侵攻の失敗

筆者は『タリバン　復権の真実』において、タリバンの復権の背景について、以下のように書いた。

アメリカのアフガニスタン侵攻は2001年10月7日に始まったが空爆に限られていたため、地上軍は派遣せず、カブールは旧ムジャーヒディーン政府の一部からなる通称「北部連合」によって11月13日に征服された。北部連合がカブールを占領したため暫定政府の設立、治安維持のための国際的な部隊の編成が急がれたため、急遽ドイツのボンで会合が招集され、暫定政府の成立、国際治安支援部隊（ISAF）と国連アフガニスタン支援ミッション（UNAMA）の設立が合意され、国連安全保障理事会において承認されて12月22日にはカルザイを議長とする暫定政府が成立した。しかしカルザイは元々軍閥の長ではなかったため政権基盤が弱くカブールを占領していた北部同盟の影響を排除できなかった。―中略―イスラーム共和国とは、アメリカの主導するISAFの武力によってタリバンから守られ、国連アフガニスタン支援ミッション（UNAMA）が富裕国から吸い上げた莫大な資金のアメリカなどの国際機関が「中抜き」した後の「おこぼれ」にたかる「夜盗」、「匪賊」あがりの利権集団だった。

タリバン復権の背景はこれに尽きているが、アフガニスタン政府省庁アドバイザー、在アフガニスタン日本国大使館員として7年間アフガニスタンで勤務した実務家であり篤実な研究者でもある青木健太が2021年9月から12月にかけて纏めた『タリバン台頭 混迷のアフガニスタン現代史』に主として依拠しつつ、以下に、重要な節目の出来事を略述し、その意味を解説していこう。

青木の状況認識も基本的に筆者と同じである。青木は言う。

そもそも、2001年以降に成立したアフガニスタン・イスラーム共和国は、アフガニスタン人の総意によって発足した政権ではなく、外部からの体制転換の試みであった。

―中略―　イスラーム共和国の治安部隊維持経費の多くは外国からの援助に依存していたが、そうした援助が実際には存在しない幽霊隊員の給与として消えてもいた。アメリカの対アフガニスタン援助の監査を担う「アフガニスタン特別復興査察官は2020年7月の報告書で、「南部カンダハール州、ザーボル州、ヘルマンド州、およびウルズガーン州において、50～70％の警察官は幽霊隊員である」と報告している。こうした状況に鑑みれば、政権崩壊直前の時点において、イスラーム共和国という家屋は、その柱が隅々まで腐食しており、八月一五日にいよいよ大黒柱が朽ち果てて倒壊したかのようであった。（青木健太『タリバン台頭　混迷のアフガニスタン現代史』岩波新書2022年20、29－30頁）

青木によると、アフガニスタンのその後の混迷は、ブッシュ（子）政権当時ですら介入の目的が曖昧であり、その後の政権交代を経ても介入の目的が曖昧なままできたためであ

2012年1月5日、アジア・太平洋の軍事力増強を目的とした新国防戦略を発表したオバマ大統領（当時）

る。ブッシュ（子）は当初、タリバン政権打倒後のアフガニスタン統治の青写真を持っておらず介入に及び腰だったが、「民主的な国家建設」に引き摺られていった。

オバマ政権は、悪化するアフガニスタンの治安情勢を踏まえて、タリバンとアルカーイダのハードコアとは和解せず殲滅を目指し、米軍3万名を増派し、それ以外のスンナ派を懐柔しアフガニスタンの伝統的自警団を武装化してアルカーイダとタリバンと対抗させる反乱鎮圧作戦を行ったが失敗し、2014年の駐留外国軍部隊の撤収を期に治安情勢はさらに悪化した。

続くトランプ政権は、タリバンを対話（ディール）の相手とみなし、膠着状態打破に向けて大きく舵を切り、撤退の道筋をつけ、2020年2月

29日ドーハで、タリバンがアフガニスタンをテロの温床にしない代わりに、アメリカ軍が2021年5月までに撤兵する、ということで合意し、民主国家建設からは完全に手を引いた。

トランプ政権からドーハ合意を引き継いだバイデン政権は2021年4月14日、撤退期限を5月から9・11事件から20周年の節目に当たる9月11日に延長すると発表した。この撤退は民間軍事会社も含む全面撤退であり、これによってアフガニスタンの傀儡政権の崩壊が決まったのである（青木健太『タリバン台頭』第1章2節「アメリカの対アフガニスタン政策の変遷」参照）

(2) タリバンの出現の背景

2021年8月15日に復権したタリバンは、20年にわたってアフガニスタンを軍事的に支配しながら、アフガニスタンと「国際社会」を食い物にし国土と経済と人心を荒廃させ、アフガニスタンの伝統とイスラームの教えに反する異教と世俗の慣習を暴力的に押し付けたアメリカの主導する外国軍を追い払い、アフガニスタンに平和をもたらした。しかしアフガニスタンに戦乱をもたらしたのはアメリカではない。アフガニスタンは40年以上にわたって内戦状態にあったのであり、その歴史を知らずしてタリバンの復権の意味を理解することはできない。

本当のところ、平和慣れした現代の日本人には、戦乱のアフガニスタンを理解することは全く不可能である。しかし幸い、カブール大学に留学中に経験したクーデターを生々しい筆致で活写した高橋博史元アフガニスタン大使の『破綻の戦略　私のアフガニスタン現代史』（白水社2021年）は、アフガニスタン社会がいろいろな意味で日本人には理解不可能なことを痛感させる名著であり、タリバンの復権の背景と、歴史的意義を、その十全な理解が不可能なことを含めて知ることを望む者にとって必読書である。

『破綻の戦略』の価値はそのディテールの描写にあり全文を読んでいただきたいが、『タリバン台頭』が第2章「タリバン出現の背景」のエピグラフに置いた引用箇所だけ、以下に紹介しておこう。

カンダハールは昔より男色が盛んなところで、略奪、暴行を働く無軌道なムジャーヒディーン野戦指揮官たちは、道行く少年を誘拐し強姦した。その道徳的腐敗と退廃はソドムの再来とまでいわれた。……（中略）……飢えた人々が墓場を荒らして人肉をむさぼったり、食用油を補うため、埋葬されたばかりの遺体を掘り起こして死体から油を取って売買したりもしている。あるいは、人骨を秤にかけて飼料として売買した…後略。（高橋博史「ターリバーン出現の背景と最高指導者ムッラー・ウマル」青木『タリバン台頭』51頁）

『タリバン台頭』によると、アフガニスタンが混迷の時代に入るのは1970年代のことで、貧しくとも安定を保っていたザーヒル国王に対して1973年に従弟のダーウードがクーデターを起こし共和制を宣言したことに始まる。ダーウードは権力掌握の過程でイスラーム主義者の宗教集団を敵視し、苛酷な弾圧に乗り出した。

その後、1978年4月27日に共産主義者の青年将校たちがクーデターを起こしダーウードとその一族を皆殺しにし（サウル革命）、アフガニスタン民主共和国の樹立を宣言した。これ以降、アフガニスタンは1979年12月のソ連軍の侵攻を承けて、ソ連軍と共産主義者とによる苛酷な弾圧とそれに対抗するムジャーヒディーンとの間の激しい戦闘という構図の長い戦乱の時代に突入する。

アフガニスタンの分裂のプロセスは70年代の動乱によってテクノクラートとムッラー（宗教者）と知識人の殆どが拭い去られたことによって始まったのであるから、タリバンの台頭を理解するには、１９９４年のタリバン結成に先立つ１９７０年代から現在に至る歴史的展開を無視することはできない、と青木は述べる。

共産主義勢力は、土地改革の断行、女性の解放などの諸政策を打ち出したが、それはアフガニスタン農村部の伝統とは相容れず強い反発を招いた。それに対し共産主義政権は、政敵や無実のイスラーム教徒を次々に粛清した。１９７９年には王党派に近いナクシュバンディー教団のムジャッディディー一族を逮捕し、その男性の殆どを処刑した。80年代のソ連侵攻でも、ムッラーと知識人の多くが粛清され、一部は海外に逃れた。

共産主義政権下では、宗教者の眼の前で妻の性器に煮えたぎった油を注ぎ、乳房を切り落とし、目を逸らした夫の手足を切り落とし目をえぐり取るといった拷問が常態化していた。

カブール東部のプーレ・チャルヒー刑務所に投獄された政治犯らは、ブルドーザーで地中に掘られた穴に投げ込まれ生き埋めにされた。隠蔽されたため正確な実態は明らかでないが、処刑された人数は数千人から数万人に及ぶと言われる。このような国民の虐殺と粛清は80年代も続いたが、１９７９年12月のソ連侵攻を承けて、アフガニスタン各地で武装蜂起が始まり、世界各国から義勇兵が加わり、ジハードが始まった。

ジハードは、ソ連軍と共産主義勢力に、アメリカのＣＩＡとパキスタンのＩＳＩ（軍統合情報局）が支援するラッバーニー率いる「イスラーム協会（Jamʿīyat-i Islāmī）」とヘクマティヤール率いる「イスラーム党（Ḥizb-i Islāmī）」などスンナ派7グループと、イランが支援する「シーア統一党（Ḥizb-i Waḥdat-i Islāmī）」が対抗するという大きな構図で推移した。

激しいジハードの結果、１９８９年2月にソ連軍が撤退すると支えを失った共産主義勢力は弱体化し、１９９１年にソ連が崩壊すると１９９２年3月に当時のナジーブッラー大統領が辞任し人民民主党政権は崩壊した。しかし、混乱が収まり治安と秩序が回復され平和が訪れるとの国民の期待は裏切られた。

ムジャーヒディーン各派は権力闘争に明け暮れアフガニスタンは内戦に陥り、周辺諸国がそれぞれを支援し代理戦争の様相を呈するようになった。

内戦時代のアフガニスタンには実効支配を確立する勢力が存在せず、法の支配が及ばない無秩序状態に陥った。ムジャーヒディーンは匪賊と化し、暴行、略奪、誘拐を繰り返し、通行税と称して金品を巻き上げた。首都カブールではイスラーム党のヒクマチヤール首相とイスラーム協会のマスード国防相との戦闘などで市街地は破壊しつくされ、市民3万人が殺され、10万人が負傷したとも記録されている。各地方もそれぞれムジャーヒディーンの野戦司令官の軍閥によって支配されていた。タリバンの指導者たちの地元のカンダハルの惨状については、本節の初めに高橋の言葉を引用した通りであった。止むことのない戦闘が続き、国民の多くが難民となってパキスタンに逃れ、残った者の生命と財産は日常的に脅かされていたこうした混乱の中で、１９９４年に世直し運動としての新興勢力タリバンが出現したのである。

(3) タリバンの誕生と変質

「タリバン」とはマドラサ（イスラーム神学校）で学ぶ学生を意味する。「タリバン運動」の初代指導者のムッラー・ウマルが率いるカンダハルや亡命先のパキスタンのクエッタの神学生たちの多くは、戦争と共に育ち、ムジャーヒディーンとして対ソ戦に参加しており、ムッラー・ウマルは片目を失っていたが、創設メンバーの多くも片目や片足を失っており、つまりソ連と共産主義勢力による虐殺の対象であった。

ムッラー・ウマル師

1994年春、少女2人を誘拐、強姦したカンダハルの軍閥司令官を、自動小銃を携行した約30名の神学生を引き連れて急襲し少女を解放し、その軍閥司令官を処刑し戦車に遺体をつるしたのが、タリバンの活動の起源だと言われる。その後、タリバンは民衆の要望に応じて悪事を働く軍閥の成敗に出動するようになり、「破邪顕正を体現するタリバンに、長引く戦乱に辟易する民衆は拍手喝采を送った」。

タリバンの進撃が全国に拡大する起点になったのは、1994年10月末のパキスタンからトルクメニスタンに向けての輸送トラックがアフガニスタンで山賊に襲撃されたのをタリバンが撃退した事件で、その後数日でタリバンはカンダハルを征圧し、12月にはアフガニスタン南部を掌握し、1995年9月には首都カブールに無血入城した。

タリバンは1997年に国名をアフガニスタン・イスラーム首長国に変え、1998年にウズベク人の軍閥ドストム将軍が支配する北部の要衝マザール・シャリーフを陥落させ、ラッバーニー大統領、ヘクマティヤール首相、ドストム将軍らは国外に逃亡し、マスード

アフマド・シャー・マスード

国防相が立て籠もるタジキスタンとの辺境の天然の要塞パンジシール渓谷を残し国土の9割以上を支配するに至った。

イスラームの大義を掲げ内戦に倦んだ国民の心を摑み、20年に及ぶ混乱を収め瞬く間に実効支配領域を拡張したタリバンであったが、1999年頃にはウサーマ・ビン・ラーディンの率いるアラブ義勇兵（アルカーイダ）らの軍事力と政治理論への依存を深めていった。アルカーイダに影響されたムッラー・ウマルは中央アジアへの侵攻を考えるようになっており、アフガニスタンのローカルな「世直し運動」として始まったタリバンは大きく変質することになり、結果的に9・11アメリカ同時多発攻撃への関与を口実にアメリカの介入を招き第一次タリバン政権の崩壊を招くことになったのである。

(4) タリバンの復権をどう考えるか

タリバンの復権の背景を1970年代の王制打倒のクーデター、共産主義革命、ソ連軍侵攻にまで遡って概説したのは、近代西欧政治学の常識をタリバンと現代アフガニスタンに当て嵌める愚を諌めるためである。順を追って説明しよう。

アフガニスタンの内乱は、先ず共産主義勢力による民衆の弾圧に始まる。ソ連の影響を受けた共産主義者たちは無神論者の残酷な全体主義者であり、ムッラー（聖職者）と彼らに従うイスラームとアフガニスタンの伝統を守る民衆のみならず、王族やテクノクラートや知識人、遂には同じ共産主義者同士でも残虐な何万人単位の粛清を行った。ウズベク人の軍閥ドストム将軍はその残党の代表である。

これらの共産主義者たちの招きによりソ連軍がアフガニスタンに侵攻すると、それに対してジハードを唱えて武装蜂起したのがイスラーム党やイスラーム協会などのムジャーヒディーン各派であった。しかし彼らは軍閥と化し、ソ連軍を追い出し共産主義政権を倒すと権力闘争に明け暮れ、市民を巻き込み、アフガニスタン全土を内戦に陥れたのみならず、市民に対しても暴行、略奪を繰り返し匪賊と化していた。

2021年8月19日、国外脱出を求め空港に押し寄せた群衆。機体にしがみつき振り落とされ死亡する者もいた

つまり、共産主義者の残党、そしてムジャーヒディーン各派は、どちらも私たちの感覚に照らした「普通の意味」での殺人、暴行、略奪をこととする犯罪者集団であった。それだからこそ、幼少時より厳格な戒律に則った求道学究生活を修めた上で対ソ連軍のジハードに身命を捧げてきた規律正しい神学生の世直し運動であるタリバンが民心を得て、瞬く間に犯罪者集団である共産主義者の残党とムジャーヒディーンの軍閥を掃討し、アフガニスタンの9割以上を実効支配することができたのはけだし当然であったのである。このことは、1990年代末のアルカーイダの影響による変質の後のタリバンに対して批判的な研究者も含めての合意事項である。

ところがアメリカは、それらの犯罪者集団を傀儡政権の要職につけたのである。その意味は、アメリカの傀儡政権に積極的に協力した者たちは、アメリカに魂を売った「売

国奴」であっただけでなく、共産主義者、ムジャーヒディーンの軍閥の犯罪者集団の協力者になり下がった、ということである。

2021年8月15日、撤兵するアメリカ軍用機に群がったアフガニスタン人たちはこうした類の者である。タリバンは、全ての国民に恩赦を宣言し、次章「タリバンの内政」において詳述するように、国民の大半はタリバン政権を歓迎し、「国際社会」の不正な経済制裁に苦しめられながらも、タリバン政権の下で新しい独立国家の建設に励んでいる。

しかしタリバンの寛大な処置を利用し、傀儡政権の犯罪者たちの下で甘い汁を吸っていた者たちは、米軍撤退以前にその軍事力を笠に着てアフガニスタンの伝統とイスラームの教えに反する欧米の価値観と慣習を押し付けてきた欧米や日本のNGOやメディアなどと共謀してタリバンに対する誹謗中傷のフェイクニュースをアフガニスタンの国内外で拡散し、政権への反乱を指嗾し、アフガニスタンの治安を脅かし、国家の分断を図っている。

タリバンが女性を迫害している、タリバンが少数派を殺害している、などという欧米や日本のメディアが流している報道は例外なく、元々アフガニスタンを私物化してアフガニスタンの伝統とイスラームを破壊してきた外国占領軍と犯罪者集団の傀儡政権を支持し、20年にわたってタリバンをテロリスト扱いしてきたイデオロギー的に偏向したメディアである。

タリバンの恩赦に応じず、こうした海外メディアの後ろ盾を得て、新生タリバン政権に投降するする代わりに反タリバン工作活動をしていて捕まった者たちや、ＮＧＯに反タリバン・プロパガンダを指嗾された女性が、マイノリティや女性の殆どがタリバン政権の下でマジョリティのパシュトゥーン人と共に欧米の制裁下の苦しい生活に耐えて暮らしているにもかかわらず、彼らのような反乱分子以外のマイノリティや女性も差別、迫害されているかのような信憑性を欠くフェイクニュースを流しているのである（※18）。

また傀儡政権下でアフガニスタンの伝統文化とイスラームを見下し、アフガニスタンの

※18　これが、アフガニスタン・イスラーム政権（タリバン政権）の広報（*The Afghanistan Official Voice*）が２０２２－２０２３年の総括の中で述べた一般恩赦についての以下の言葉が意味するところである。イスラーム首長国のムジャーヒディーンは、大赦令の規定を厳密に守り完全に遂行してきた。特定の個人が対処されたケースがあったが、それは大赦の発令後に反乱や敵対行動に関与したためである。大赦令が施行されているため、過去のカルザイ政権、アシュラフ・ガニー政権に仕えた軍人を含むすべての市民は安全かつ安穏に暮らしており、アフガニスタン国内において報復による流血が起きていないだけでなく、人々は隣国や西側諸国への移民を思い留まっているのである。（H.N., “Islamic Emirate at a Glance (Part II) Summary of the Most Significant Accomplishments of the Islamic Emirate During the Solar Year 1402, (2022-2023)”, 2024/04/01, *The Afghanistan Official Voice*; https://www.alemarahenglish.af/islamic-emirate-at-a-glance-2/）

喫緊の課題である長年の戦乱によって荒廃した農耕地の回復、灌漑、商工業の振興を疎かにし、女性のエンパワーメントなどの美辞麗句で飾り立て、演芸、音楽、絵画のような無用な欧米趣味を押し付け、非現実的な幻想を与えてタリバンへの不満を掻き立てさせ、反タリバン・プロパガンダに利用してきた日本のＮＧＯにも気をつけなければならない（※19）。無責任にアフガニスタン人に自分たちの趣味を押し付けておきながら、彼らがアフガニスタン人であるという理由で移住を認めずビザを出さない「人権」を無視し人道に背く日本や欧米の差別主義諸国を批判せず、タリバンに責任転嫁してタリバン政権の転覆を画策するこうした似非人権団体こそ最も欺瞞的で、タリバン復権の意味の理解を妨げる警戒すべき存在なのである。

※19　タリバン（イスラーム首長国）政権になってから政府部門での女性就業者は2万7千人も増加しており、ビジネスウーマンの数は5千人から2万9千人にまで急増している。アフガニスタン・イスラーム首長国の英文公式ポスト（２０２４年4月17日付）参照。（https://x.com/Alemarahenglish/status/1780521381165195386）

コラム

タリバンと女性問題

1．日本のタリバン報道の問題

日本ではアフガニスタンについての報道を目にすることは殆どない。その中で例外的に流れてくるのが、女性問題である。新聞社であれテレビ局であれ、アフガニスタンに支局を置いているメディアは日本にはないので、そういった報道はＢＢＣ（英）、ＣＮＮ（米）世界三大通信社ＡＰ（米）、ロイター（英）、ＡＦＰ（仏）のような欧米のメディアの、良く言ってもイスラームやアフガニスタンについて無理解、多くの場合にはあからさまに敵対的な報道の受け売りであり、偏見によって事実を歪曲しているのみならず、往々にして

カブールで、タリバンによる占領以来開校を続けていた宗教学校に通うアフガニスタンの少女たち（2022年8月11日）

アフガニスタンの現実を伝えることよりもプロパガンダが目的でありタリバンを断罪する自分たちの価値観を読者や視聴者に押し付けるものである。

日本におけるアフガニスタン報道、特にタリバンの女性差別に関する報道は、イデオロギー的偏向によって歪曲されている（※20）。そこでこのコラムでは、できる限り「客観的」にタリバンの女性差別と言われている現象のアフガニスタンの文脈における文化・社会・政治的背景を明らかにしたい。

２０２２年８月13日にカブールで女性の権利を求めるデモにタリバンが威嚇射撃をしたとＡＦＰが写真入りで報じているが、デモの参加者の数は僅か約40人に過ぎない。そもそも僅か40人ほどしか参加せず外国人の記者の撮影、インタビューを受けながら行っている集会など本来は「デモ」の名にも値しない。そんな報ずるにも値しない集会をわざわざ記事にしているのも、アフガニスタンの女性の現実を伝えるのが目的ではなく、AFPの記者が自分の反タリバンのイデオロギーを代弁する者を見つけて出してそれを記事にして世界に発信するプロパガンダだからである。

2. 隣国イランのイスラーム体制での女性抑圧

こうした報道の問題性はよく似た事例と比較するとわかりやすい。タリバンと同じくイスラーム学者が統治する隣国のイランでは2022年9月にスカーフの着用義務に違反して拘束された女性の死亡をきっかけに全国規模でデモが広がり、多くの死者が出ている。これについて『イランの地下社会』(※21)の著者でイランウオッチャーの若宮聡は「その期間の長さといい、犠牲者の多さといい、デモは前代未聞の規模となった。これ以降、イス

※20　林典子「『私』を生きる　アフガニスタンの女性たちが語る多彩な人生」2024年3月10日付『朝日新聞デジタル』は例外的にイデオロギー色の薄い良記事である。
※21　若宮聰『イランの地下社会』(角川新書2024年)Kindle版3-6頁参照。

ラム体制と国民の対立が一層深まったことは言うに及ばず、それまでわずかに残されていた和解の可能性すら、もはや完全に失われることになった」と述べる。

若宮は「これだけ大きな意味をもっていた反体制デモは、日本ではあまり注目されなかった。…中略…多くのメディアは、イラン人がスカーフ強制に反発していることは指摘しながらも、彼らの最大目標がイスラム体制の打倒であることにはほとんど言及しておらず、デモを過小評価しようとする意図」を感じた、と言う。同書の執筆動機は「二〇二二年の反体制デモの背景を考察すること」を「主眼のひとつとして」、「イランをめぐる日本の言論空間に一石を投じてみたいという思いから」「読後に『イランのことがよくわかった！』と膝を打ちたくなるような本」を書きたいとの思いにある。同書は事件の経緯を以下のように描く。

二〇二二年秋、テヘラン――。

「女性、命、自由！」

「独裁者に死を！」

険しい表情を浮かべ、あらん限りの声でスローガンを叫ぶ若者たち。その脇を通り過ぎるドライバーたちは、彼らへの連帯の意思を示そうと、クラクションを高らかに鳴らす。（中略）イランでのちに「女性と命と自由の運動」と呼ばれることになる、大規模な反体制デモの様子だ。ことの発端は、九月一六日にクルド系（イランの少数民族）の女性、マフサ・アミニ（当時二二歳）が、テヘランの病院で不審な死を遂げたことであった。マフサはこの三日前、頭髪を隠すためのスカーフを適切にかぶっていないことを理由に、「風紀警察」によって身柄を拘束されていた。その際に頭部を強く殴打されたことが彼女の死因と考えられた。

その主役を担っていたのは一〇代から二〇代の若者たちである。

とくに女性の姿が目立ったことも、この運動の特徴だ。彼女たちは治安部隊の目の前でスカーフを脱ぎ、踏みつけ、それを火にくべた。自らの命をもかえりみないその勇敢な姿に、多くの国民が心を打たれ、涙した。

一時は国営放送がハッキングされ、軍の離反によるクーデターの可能性までささやかれたものの、デモ隊に対する血みどろの弾圧が続いた結果、街頭での運動は年が変わるころには徐々に当初の勢いを失っていった。このデモで命を落とした人の数は、翌二三年の三月までに五〇〇人以上、逮捕者は二万人にのぼるといわれている（※22）。

若宮の思い入れたっぷりのイスラーム体制の崩壊の期待にもかかわらずデモはあっけなく収束する。若宮の主観では「彼らの最大目標がイスラム体制の打倒であることにはほとんど言及しておらず、デモを過小評価しようとする」ように見えた日本の報道は実際にはむしろ最初からデモにより体制が崩壊するかのような書きぶりであった（※23）。しかしイスラームフォビアによる認知の歪みを指摘するのが本稿の目的ではない。評価がどうであれ、イスラーム体制の女性差別、イスラームの法規範の暴力的強制への反発を直接の契機として、イラン全土で数万人、首都テヘランでも数千人単位のデモが起きたことは事実である（※24）。また収束までの数か月間に５００人以上の死者と約２万人の逮捕者を出した政府当局の強権的対応は、デモ参加者たちの覚悟と真剣さ、イスラーム体制への憎悪と断固たる拒否の意志を合理的に推測させるものである。

3．イランの反体制運動の比較

興味深いのは、女性に上半身を覆い隠す衣装「ブルカ」の着用を強制し女性への教育を制限しているタリバンが実効支配するアフガニスタンの首都カブールでは9月末、約30人の女性が、イラン国内のデモ隊と同じ「女性、命、自由」とのスローガンを叫んで、共闘をアピールしたとの10月17日付の産経新聞の記事である。

アフガニスタンとイランは同じペルシャ語を用い、女性抑圧の宗教支配という同じ「問題」を共有しているため、それに対する同じスローガン「女性、命、自由」を掲げたデモが行われたことで、アフガニスタンにおける女性抑圧問題の社会的な位置づけをある程度推測することができる。

９００万人を超えるテヘランと約４００万人のカブールの人口差を考慮に入れても、数千人を動員できるイランと約30人のアフガニスタンの差は圧倒的である。タリバンが威嚇射撃をしたとＡＦＰが報じた２０２２年８月13日のカブールでの女性の権利を求めるデモ

※22 この事件で、人権団体の報告に基づくデモ参加者ら５００人以上が殺害されたとの記述は、欧米のメディアでは共通見解となっている。「イラン最高指導者、反政府デモ参加者ら数万人に恩赦」２０２３年２月６日付『Reuters』、「『もう元には戻れない』 反政府デモ開始から１００日、イランで今起きていること」２０２２年12月26日付『BBC NEWS JAPAN』参照。

※23 たとえば２０２２年10月17日の産経新聞は「デモは社会各層へと拡大し、収束する兆しはない。イスラム教シーア派の政教一致体制の正当性は傷つき、崩壊に向けて歩み始めたとの見方も出ている」と書いている。

※24 Cf., Stuart Williams, "Iran protests flare anew hours after pro-government rallies", September 23, 2022, *AFP*, Farnaz Fassihi and Cora Engelbrecht, "Tens of Thousands in Iran Mourn Mahsa Amini, Whose Death Set Off Protests", 2022/10/27, *New York Times*. 特にStuart Williamsのテヘランの広場を埋め尽くす反体制派の写真入りの記事はデモの規模を裏付けている。

市場の服屋で働く女性

の参加人数も40人余りであったので、ほぼ同じメンバーだったことが推測される。イスラームフォビアによってタリバンの誹謗中傷に労を惜しまない欧米のＡＦＰのようなメディアや人権団体でさえ、「デモに威嚇射撃をした」「鞭を振るって解散させた」ことぐらいしか批判できないことからも、イランにおける５００人以上の殺害と約２万人の逮捕のような苛酷な弾圧を反体制デモに対してタリバン政権が行っていないことは明らかである。

イランの反体制デモとその抑圧との比較から、カブールのようなアフガニスタンで最も世俗化し、女性が普通に街に出て市場で買い物をしている町で、外国人記者が取材する前でも数十人しかデモに集められないことからも、タリバンのイスラーム学者によるイスラーム法に基づく支配という政治体制の文脈での女性抑圧、女子教育問題が、アフガニスタン社会の中では他の山積する諸問題に対してさして重要でもなく緊急性もないことが、アフガニスタンの歴史、社会、慣習になじみがない日本の読者にも少しは想像がついたのではないだろうか。

少し脱線するが、「デモを過小評価する」との若宮の言葉とは逆に、自らの価値観、イデオロギー、期待を投影せずアフガニスタン（そしてイラン）の「現実」をバランスよく認識するためには、日本や欧米のメディアや人権団体は、「デモを過大評価」しすぎている。反体制デモ収束後、２０２３年４月、イラン政府は首都テヘランでパレスチナと連帯しイスラエルを非難するデモで反体制デモより一桁多い数万人を動員し、外敵に扇動された反乱を鎮圧したことを誇ることができた（※25）。

数十人しか集まらないカブールでの反タリバンのデモと比べれば、テヘランの数千人の反イスラーム体制デモは遥かに重要ではあった。しかしそれを体制変革への民意などと解釈するのは、幻想、過大評価に過ぎない。２０２２年のデモに関して、ＢＢＣの記者パルハム・ゴバディは、１９７９年のイスラム革命以来最も長い抗議行動で、２０１８年まで

※25　CF., "Chanting 'Death to Israel,' tens of thousands march in Tehran for 'Jerusalem Day'", *THE TIMES OF ISRAEL*, 2023/04/14.

続いた2017年に始まったデモや2019年11月の抗議も全国規模に広がったが、「女性、命、自由」のスローガンを掲げた女性たちが先導している点で全く異なり、後戻りができない、と述べている（※26）。

しかし2022年の反体制抗議デモなど、2桁違う数百万人の市民が毎週のようにデモに繰り出しテヘランの大通りを埋め尽くしたイラン・イスラーム革命をリアルタイムのテレビで観てイスラーム研究を志した筆者のような老イランウオッチャーの目には、児戯に等しく映り、革命以来45年にわたって繰り返されてきたイスラームフォビアの欧米人の主観的な願望を投影した客観性を欠くいつもの希望的観測だろうとしか思えない。

4．日本の女性問題の比較

勿論、タリバン政権下のアフガニスタンにおける女性の扱いが、人権、民主主義、平等のような西欧的価値観に照らして不正であるだけでなく、イスラームの理念にも悖っているケースが多々あることは言うまでもない。しかしそれが50年にわたる内乱を終わらせ、外国占領軍から国土を解放し、全土に治安と平和をもたらしながら、占領下で蔓延した汚職とわずかな農林業以外にほとんど産業も育っていない荒廃した国土を開発する重責のみを負わされたタリバン政権を国家承認しないばかりか、様々な制裁によって国外への移住や貿易などの妨害によって貧困にあえぐ国民を更に苦しめることを正当化するほどの「罪悪」なのだろうか。

問題は、自己のイデオロギー、価値観、趣味などの主観的な先入観を無批判にアフガニスタンに投影して現実とかけ離れた妄想の世界を作り出し、非現実的な要求を持ち出すことである。そうした愚を避け、少しでもバランスの取れた見方ができるようになるために、アフガニスタンよりは情報が豊富なイランとの比較に字数を割いたが、最後にその比較を踏まえた上で、日本との比較を行ってみよう。

アフガニスタンの女性の中に差別、抑圧に苦しむ者がいることは誰も否定しない。しかしその理由はタリバンの統治、あるいはイスラーム法にあるのだろうか。日本の内閣府の男女参画局の2020年度の資料によると、日本の女性の約14人に1人は無理やりに性交等された経験がある。加害者は、交際相手、配偶者、職場の関係者など、大多数は被害者が知っている人となっており、全く知らない人からの被害は1割程度である。また配偶者

※26　パルハム・ゴバディ「【解説】『もう元には戻れない』反政府デモ開始から100日、イランで今起きていること」2022年12月26日付『BBC NEWS JAPAN』参照。

からの家庭内暴力の被害は年間約12万件あり、9割は男性から女性に対するものであり、およそ女性の4人に一人は配偶者による暴力を経験している（※27）。

女性に対する差別や暴力もどこにでも存在する現象であり、アフガニスタンにも、タリバンにも、イスラーム法にも限ったものではない。タリバン支持の女性から、日本で女性に対する差別や暴力を止めることができないのは、民主主義や人権や平等のような堕落した西洋思想のせいだ、と言われても大半の日本人が釈然としないように、タリバンに向かって「イスラーム法が女性差別、虐待の原因だ」と日本人が言っても納得させることはできない。日本で多数の女性差別や女性虐待が起きているからといって、日本に石油禁輸や銀行取引停止、日本人へのビザ発給停止などの制裁措置が課されたり、岸田政権が国連の日本の代表権を奪われるとすれば、たとえ岸田政権に批判的であっても大半の日本人は理不尽だと憤るだろう。タリバン政権の下で女性差別や女性虐待があったとしても、それは様々な制裁を科されたり、国家承認を拒絶されたりする正当な理由になるのだろうか。タリバンの女性問題において、我々に求められているのは、物事を多角的、大局的、客観的に俯瞰するバランスの取れた観方なのである。

タリバンの所謂「女性差別」報道には複雑な背景があるが、それを正しく理解するにはまずアメリカが主導し国連が裏書した欧米によるアフガニスタン占領行政の失敗と、欧米の占領のプロパガンダ機関であった欧米メディアによる報道が反タリバンの偏向によって事実を歪曲するものであることを知ることが必要である。

5．国際ＮＧＯの女性職員禁止令

例として日本でも大きく報じられた一昨年12月のタリバンによる国際ＮＧＯへの女性職員禁止令を取り上げよう。「タリバンの女性差別」報道の問題を取り上げるのは、単にそれが事実を歪曲しており、欧米のイデオロギーの押し付けだからではない。的外れなタリバンへの誹謗中傷は、意図に反してアフガニスタンにおける女性の教育や社会進出を逆に妨げることになるからである。少し複雑な話なのでその理路を順序だてて説明していこう。

２０２２年12月25日、アフガニスタンで支援活動をしている5つの主要なＮＧＯ団体「ケア・インターナショナル」、「ノルウェー難民評議会（ＮＲＣ）」、「セーブ・ザ・チルドレン」、「国際救済委員会（ＩＲＣ）」、「イスラミック・リリーフ」に、タリバンが女性職員

※27　田内康介「ＤＶ被害、昨年8万2643件　17年連続で最多更新」２０２１年3月4日付『朝日新聞デジタル記事』、「女性への暴力の根絶」『内閣府男女共同参画局ホーム』（https://www.gender.go.jp/policy/no_violence/index.html）参照。

の活動禁止令を発した。それに対して「ケア・インターナショナル」、「ノルウェー難民評議会」、「セーブ・ザ・チルドレン」は「女性職員がいなければ」活動は続けられないとの共同声明を発表した。彼らは「女性職員がいなければ、2021年8月以降の、困窮している何百万人ものアフガニスタン人への共同支援は不可能だっただろう」と述べて、「今回の発表について詳しいことがわかるまで、私たちはプログラムを中断し、男性も女性も同じようにアフガニスタンでの救命支援を続けられるよう要求していく」と主張している。またアフガニスタン全土で3000人の女性を雇っている「国際救済員会」は、「組織のすべてのレベルで、サービス提供を女性スタッフに頼っている」とし、女性を雇えなければ、「困窮状態の人々」への支援は不可能だと訴えている。

イスラームの教えでは親族以外の成人男性と女性は同席しないのが良いとされており、特にアフガニスタンの社会ではその教えが厳密に守られている。それゆえ教育、医療、保健衛生などの分野の人道支援でも、女性職員がいなければ女性に対する十分な支援ができず人道援助が滞るのは確かであり、その意味では国際NGOの主張は正しい。問題はその先にある。

6. 大赦と外国占領軍の手先たちの残党

2021年8月15日にアメリカの傀儡政権が消滅した時、タリバンは傀儡政権の手先であった者たちであってもタリバン政権に帰順するならば過去を不問にすると大赦を発表し、アフガニスタンの全国民の融和、国家再編を呼び掛けた。タリバンが8月15日に欧米の傀儡政権の関係者と協力者たちに帰順を条件に大赦を宣言した時、タリバンが20年の年月をかけてアフガニスタンの地方各地を回って村長や部族長たちとの対話を重ねて人心を掌握していることは周知であったため、公然たるタリバン政権への抵抗運動は、タジキスタンと国境を接するパンジシール州の一部を除いて全く生じなかった

しかし他の閣僚に黙って大統領職を放り出し政府の資産を持ち逃げし独りで海外に逃亡したアシュラフ・ガニーをはじめとして、欧米の占領者たちのお零れに与かりアフガニスタンを食い物にしてきた傀儡政権の実力者の多くは海外に亡命した。しかし大使館員や国際NGOの駐在員やNATO軍などの軍人たちや、彼らや傀儡政権の実力者たちに贈賄で取り入って富を蓄え民衆を見下し虐げて怨嗟を買っていたので報復を恐れて海外に逃亡しようとしていた欧米の大使館が撤退しビザも取れず難民として出国することもかなわなかった「小物」たちは、タリバン政権に帰順もできず地下に潜り身を隠して政権転覆の機

アフガニスタンを出国したアシュラフ・ガニー

をうかがっている。

彼らが報復を恐れていると書いたが、タリバン政権からの報復ではない。彼らが権力を笠に着て賄賂や身贔屓で正当な判決を歪め、不当に搾取し虐待してきた民衆からの報復である。タリバンが旧政権の残党を捉えたり処刑したりした（※28）との欧米の報道は、実は恩赦に応じて帰順した者ではなく、こうした反政府分子についてなのである。そしてこうした反乱分子たちが身を潜める格好の隠れ蓑が外国ＮＧＯなのである。というのは善隣外交により国際社会への復帰を目指すタリバンは、外国からのＮＧＯには手出しをしないからであり、また20年に及ぶ内乱と20年の国連の占領軍の失政により国内に産業がなく国民の多くが失業しているアフガニスタンにおいて外国ＮＧＯが貴重な就職先であるばかりでなく、国連の不正な経済封鎖により財政難に苦しむタリバン政権も彼らの経済支援を必要としているからである。だから外国ＮＧＯに身を寄せていれば、疑わしい反乱分子であってもタリバンも簡単に介入できない。それどころか現在のタリバンは治安維持の責任から彼らを私怨による報復から守る立場にある。

もともとタリバンを憎み統治の正統性を認めずアフガニスタン国民へのタリバン政権打倒の指嗾を事とする外国ＮＧＯとアフガン人の反乱分子たちは利害が一致している。西欧のイスラームフォビアによるヘイトスピーチの典型がイスラームの女性差別についてのものであり、アフガニスタン社会は外国ＮＧＯにとって最も憎むべき対象でありタリバンはその象徴であるため、今回女性職員の活動停止を命じられたＮＧＯは、人道援助を必要としているアフガニスタンの貧しい女性たちをタリバンの女性差別の犠牲になっている愚かな啓蒙されるべき対象であると考えて、西欧流の男女平等イデオロギーで彼らを洗脳しようとしているからである。しかし外国の占領軍の手先に成り下がったアフガン人たちは単に価値観が違う裏切り者だという理由で憎まれているわけではない。その理由を理解して

※28　Cf., Azam Ahmed, "A Hidden History —A Times investigation uncovered a brutal campaign enacted by U.S.-backed forces during the war in Afghanistan", *The New York Times*, 2024/05/22.

もらうためには国連のアフガニスタン占領行政の基本構造について説明する必要がある。

欧米の占領政策の基本はアフガニスタンを欧米にとって都合の良い国に作り替えることである。端的に言うと、欧米の価値観と対立するイスラームの教えとアフガニスタンの習律を捨てさせるために、金と軍事力に飽かせて欧米の価値観を植え込む洗脳である。しかし占領の現場がそうしたイデオロギーで動いていると思うのもまた間違いで、なによりもアフガニスタンは20年間で数兆ドルの資金が蕩尽された巨大な利権の場であったことを忘れてはならない。アフガニスタンには、平和維持と開発支援の名目で集められた莫大な富を、国際機関、欧米の政府関係者、軍事産業、ゼネコン、コンサル、NGOが中抜きし、アフガニスタン政府と軍閥とその関係者、英語などの外国語ができて欧米人に取り入るのが上手い現地人が請け負って食い物にするというたかりの構造ができあがっていた。

7. 占領軍の手先の傀儡政権の腐敗

私は2010年から2013年にかけてアフガニスタンを何度も訪れ、現地で「統一イスラーム党」系のNGOやタリバン系のNGOと共に活動する中で、国際機関の支援活動を参与観察し、彼らの内幕を知ることができた。アフガニスタン復興信託基金（ARTF）

などの国際機関や欧米諸国などが拠出するアフガニスタン支援金を原資とし、それを欧米人や欧米のアフガニスタン移民などがアフガニスタン復興の名目でプロジェクトを獲得し莫大な資金を獲得し、その一部をコネのある英語ができる現地組織に安価で丸投げし中抜きし、それらの現地組織のスタッフがその親戚縁者などに仕事を割り振り、彼らがリベートを上乗せした額で物品を調達するというのがその一般的構造である。欧米の本部には収支報告がなされるが、その数字もまた捏造されたものである。というのは監査機関自体が、そうした利権の一部なので同じ下請け、孫請けの構造を有しており、まったくチェック機能をはたしていないからだった。

ここまでは「発展途上」国の腐敗した失敗国家、破綻国家、脆弱国家ではお馴染みの構図であるが、アフガニスタンならではの特殊性は、タリバンが腐敗の隠蔽に使われてきたことである。たとえば教育支援の名目で学校建設のプロジェクトを受注し、下請け、孫請けに丸投げし、中抜きで法外な価格で学校を建設したとする。その完成と同時にタリバンによるテロ攻撃で破壊されたと報告するのである。そうすると資材の調達の過程で建築素材などの設備資材で粗悪品を自分の親戚縁者の企業から法外な価格で買い入れていても全ての汚職の証拠が消え失せるというカラクリである。

こういう国際機関や欧米などの政府機関やＮＧＯとそれらの下請けのアフガニスタンの

2021年9月6日、マザリシャリフでデモを行ったタリバン支持の女性たち

傀儡政府、現地ＮＧＯ、民間セクターなどが20年にわたってアフガニスタン復興の名目で集めた資金を寄ってたかって食い潰してきた結果が、僅か1日の間に傀儡政権（アシュラフ・ガニー政権）と占領行政が砂上の楼閣のように雲散霧消した2021年8月15日のタリバンの首都カブール無血入城、政権復帰のスペクタクルだった。

ここまでは、タリバンの外国ＮＧＯの女性職員の停職や、女性の通学の禁止などの政策決定を女性差別、人権侵害と批判し、欧米諸国や国際機関がその撤回を要求することは、アフガニスタンにおける女性の地位をより悪化させることになることを、タリバンと国際社会の対立の文脈から説明してきた。しかし実はタリバンの男女不平等や女性差別を批判することがかえって状況を悪化させるのには、別の大きな要因がある。それが「イスラーム国ホラサン州（ＩＳＫＰ）」の存在である。

8. ＩＳＫＰ（イスラーム国ホラサン州）

ＩＳＫＰは国民の多数から「余所者」とみなされているが、イスラーム法の支配に反する体制とはジハードで戦い厳格なイスラーム法に基づく国家を樹立するイスラーム主義武装闘争派としては、ＩＳは世界のイスラーム主義運動の中でタリバンと双璧の位置を占めている。つまりイスラーム的正当性を掲げてアメリカの傀儡政権を打倒することで政権に復帰したタリバンにとって、ＩＳＫＰはイスラーム的正当性をめぐって競合するライバルにあたる。

ＩＳＫＰはタリバンの復権以前は、殆ど活動停止状態にあったが、タリバンの復権後に勢いを盛り返し、現在のタリバン政権にとって最大の不安要因となっている。と言うのは、アメリカとの和平で米軍の撤退を勝ち取り首都カブールを奪回してからのタリバンは外交においては国際社会への復帰を目指しているため、イスラーム国からイスラームの敵に対して弱腰でイスラームの大義を裏切りジハードを放棄したとの批判を浴びており、タリバン外交の融和路線に飽き足りないイスラーム主義武装闘争派の「過激派」がＩＳＫＰに流

アフガニスタン・カブールのイスラム国・ホラサン州（ISKP）による攻撃で、シャーレナウ地区にある破損した中国系ホテルの建物（2022年12月13日）

れているからである。アフガニスタン国民の大半は長年の戦争に疲れ、9・11事件に関与して国際社会を敵に回して国土を外国軍に占領された苦い思いを忘れておらず、タリバンの融和外交を歓迎しており、グローバル・ジハードへのコミットを求めるISKPのタリバン批判には呼応していない。

しかし国内問題となると話は別で、アフガニスタンではISKPはタリバンの復権以前からシーア派のハザラ人集団への攻撃を繰り返していたが、標的はモスクについで学校であり、特に女学生が狙われていた。シーア派のハザラ人に対する差別は、女性差別と並んでタリバンの人権侵害の例として欧米諸国や国際機関での評判が悪い。しかしスンナ派の正統カリフ3人を誹謗するシーア派の宗教活動が公共空間では制限されることはスンナ派イスラーム学では合意事項である。また男女の隔離や女性のドレスコードの強調は宗派を問わずイスラームの教えであるが、アフガニスタン国民の信奉するハナフィー法学派（デオバンディー学派）はＩＳの属するハンバリー法学派（サラフィー）と並んでそれを強調することが知られている。

従ってシーア派ハザラ人のマイノリティの処遇と男女同権のような国内問題でまで欧米、国際社会の要求に妥協し、ハザラ人の宗教活動を自由化し男女の平等を認めたならば、タリバンが変節しイスラームの大義を捨てて欧米に屈したとのＩＳＫＰの批判を勢いづかせ、ハザラ人を中心とした女生徒への襲撃をより激化させることになるのである。

タリバンの支配の正当性は、40年以上にわたる内戦を収めアフガニスタンに平和と秩序を回復したこと、その一点にかかっている。それゆえ唯一の不安定要因であるＩＳＫＰに付け入る隙を与えず勢力拡大を抑え「テロ」によって治安を脅かすことを許さないことはタリバンにとって最重要課題である。従ってアフガニスタンの女性教育を実現し、女性の立場を向上させたいと願うなら、国際社会が現在のように、タリバンの外国ＮＧＯ女性職員就労停止、女学生の停学処置の理路を理解せず、タリバンが女性差別、人権蹂躙を犯していると居丈高に誹謗して経済援助の中止を仄めかして圧力をかけることは逆効果でしかない。

なぜなら「タリバンは欧米の異教徒の脅しに屈し変節した」とのＩＳＫＰの反タリバン・プロパガンダの火に油を注ぐことになるため、かえって外国ＮＧＯの女性スタッフの出勤を認めたり、女子教育を再開したりしづらくなるからである。またたとえＮＧＯが女性スタッフを呼び戻し、女学生の通学を許可したとしても、ＩＳＫＰの更なる襲撃の激化、治安の悪化を招いて、結果的に治安上の理由からますます女性の社会進出が困難になりかねないのである。

9．結語

本稿では、タリバン政権の外国ＮＧＯの女性職員の停職命令の記事を糸口に、アフガニスタンにおける女性問題の複雑な政治／社会／経済／文化的、歴史的、地政学的背景を、できる限り現地の文脈に戻して説明することを試みた。明治維新以来１５０年近くも脱亜入欧の西洋化路線をひた走ってきた日本においてすら、現在に至るまで男女平等の実現には大きな社会的軋轢があり、道半ば、という状態である。それを考えれば、男女の役割分化が儒教に負けず劣らず詳細に規定されているイスラーム社会の中でも特に保守的なアフガニスタンの人々の行動を、欧米の最新流行の価値観で一方的に断罪し、力づくで早急に変えようとすることに無理があることはアフガニスタンに一度も足を踏み入れたことのない読者諸賢にも想像がつくであろう。

解決はある意味簡単で、まず不正な経済制裁を解き、アフガニスタン国民とタリバン政権が自律的にあるべき姿で40年を超える内乱と外国軍の占領下で荒廃した国土の再建と人心と風紀の改善に努めることができるようにすることである。しかし自力更生が望ましいといえども、経済制裁が解かれてもアフガニスタンが最貧国の一つであり、長年の内戦と外国軍の駐留で国土が荒廃し、人材が払底しているのも事実であり、タリバンの施政方針に適うなら外国ＮＧＯからの資金援助は大いに歓迎される。

外国ＮＧＯの女性就労問題に関しては、もし本当に女性の福利向上が目的なら、外国ＮＧＯが男女共にスタッフの人事をタリバンに委ね、反乱分子ではなくタリバンが推挙する者から選べばすぐにでも解決する。いっぽう女子教育については通学停止の理由は、十分なイスラームと担当科目の知識を備えた教師と教科書の不足にあり、解決は簡単ではない。初等、中等、高等教育などの一千万人を対象とする公教育となると、資金面だけではなく、人材の調達も簡単ではない。

しかしイスラームは国境を超えた世界宗教であり、アフガニスタンのタリバン政権はどの国からも国家承認は受けていなくとも、イスラーム学のネットワークの一部を構成している。タリバンはデオバンディー学派に属す。

従ってアフガニスタンの女子教育を充実させるためには、初等・中等教育に関してはパキスタンのパシュトゥーン人地区のデオバンディー学派の女性教師、高等教育では英語に堪能なインド・パキスタンのデオバンディー学派の女性高位イスラーム学者を招聘することが最善の方法であり、復興基金の教育部門はインドとパキスタンのイスラーム学者を中心に運営されることが望ましい。また少数派のシーア派ハザラ人の教育支援には、同じシーア派でペルシャ語話者のイランのイスラーム学者を招聘することができる。また狭義のイスラーム学以外の自然・社会・人文学の分野では、学派の違いは大きな問題にならないので、やはりペルシャ語で意思疎通ができ同じドレスコードを共有し、1979年のイスラーム革命以来、教育のイスラーム化が進んでいるイランから教育指導者を招聘することが可能である。

20年にわたって莫大な富を浪費し多くの人命の犠牲を出しながら砂上の楼閣に終わった傀儡政権を支えて日本も主要なアクターとして参画した占領行政の失敗から、国際社会が教訓を得て、新生タリバン政権と生産的な関係を取り結ぶことができることを筆者は願っているが、拙稿がその一助となれば望外の喜びである。

［第2章］
タリバンの内政

(1) 行政機構

2021年9月6日、タリバンが旧北部同盟の最後の残党が立て籠もるパンジシール州の州都バザラックを陥落させてアフガニスタン全土制圧を宣言し、7日に満を持して最高指導者ヒバトゥッラー・アフンザーダの下の以下の33名の暫定政府閣僚名簿を発表した。主要閣僚は1996－2001年の旧タリバン政権からの古参メンバーであり、政府の構成も全国制覇以前のイスラーム首長国のそれを引き継いだものであった(※29)。

ヒバトゥッラー・アフンザーダ師

首相：ムハンマド・ハサン・アーフンド師

副首相：アブドルガニー・バラーダル師
副首相：アブドゥッサラーム・ハナフィー師
国防大臣：ムハンマド・ヤアクーブ・ムジャーヒド師
内務大臣：スィラージュッディーン・ハッカーニー師
外務大臣：アミールッディーン・ムッタキー師
財務大臣：ヒダーヤトゥッラー・バドリー師
教育大臣：ヌールッラー・ムニール師
情報文化大臣：ハイルッラー・ハイルハワー師
経済大臣：ディーン・ムハンマド・ハニーフ師
巡礼寄進大臣：ヌール・ムハンマド・サーキブ師
法務大臣：アブドゥルハキーム・シャルイー師
国境部族大臣：ヌールッラー・ヌーリー師
開発大臣：ムハンマド・ユーヌス師
宣教善導勧善懲悪大臣：ムハンマド・ハーリド師
公共労働大臣：アブドゥルマンナーン・ウマリー師

ムッラー・ムハンマド・ハサン・アーフンド首相主催会議

鉱物・石油大臣：ムハンマド・イーサー・アーホンド師
水力発電大臣：アブドゥッラティーフ・マンスール師
民間航空運輸大臣：ハミードゥッラー・アーホンドザダ師
高等教育大臣：アブドゥルバーキー・ハッカーニー師
通信大臣：ナジーブッラー・ハッカーニー師
難民大臣：ハリールッラフマーン・ハッカーニー
諜報局長官：アブドルハック・ワスィーク師
中央銀行頭取：ムハンマド・イドリース
行政長官：アフマド・ジャーン・アフマディー師
国防副大臣：ムハンマド・ファーディル・マズルーム師
参謀長官：ファスィーフッディーン師
外務副大臣：シール・ムハンマド・アッバース・スタネクザイ
内務副大臣：ヌール・ジャラール師

タリバン幹部の面々

※29　正式には閣僚は全て「臨時代行」となっているが、そう書くと正式な閣僚が他にいるかのような誤解を与えるし、タリバン政権の広報でも、「臨時代行」を省略する場合も多いので、本書では実態に合わせて全て省略する。

情報文化副大臣：ザビーフッラー・ムジャーヒド
課報局第一副長官：タージュ・ミール・ジャワード師
課報局事務次官：ラフマトゥッラー・ナジーブ師
麻薬対策担当内務副大臣：アブドゥルハック・アーホンド師

『タリバン台頭』によると17名が国連安保理制裁リストに名がのっていたが、その後タリバンは、アブドゥルカビールを3人目の副首相に任命した他、88名のポストを追加任命している。内務大臣のスィラージュッディーン・ハッカーニーはアメリカ連邦捜査局（FBI）の指名手配犯で情報提供者に1000万ドルの賞金がかけられている。

タリバンはイスラーム共和国下で作られた女性課題省を廃止し、宣教善導勧善懲悪省を新設した以外、行政機構を大きく変えておらず、イスラーム共和国政府の公務員が職場に呼び戻されており、既存の行政機構を活用し、中央省庁が全国の出先機関を統率する構成を取っている。タリバンによる統治は、全体としては彼らが派遣する州知事、郡知事、下級司令官らが毎週開かれる閣議によって示される指導部の意向に沿って動き、元公務員や、国連専門機関やNGOなどの外部機関を管理、統制しながら進められている。

ムハンマド・ウマル師の没後10周年を記念する式典に出席したアフガニスタン・タリバンの内務大臣スィラージュッディーン・ハッカーニ（2023年5月11日）

これまで20年間にわたってアフガニスタンの政治を壟断《ろうだん》し、「国際社会」を搾取し利権を恣にした末に国家を完全に破綻させた欧米諸国や国際機関、それに寄生してきた元共産主義者やムジャーヒディーンの軍閥の犯罪者集団のアフガニスタン人たちが、臆面もなくタリバン幹部以外の政権参加を求めているが、「恥を知れ」と言う以外に、一顧だにする価値はない。

(2) 統治の方針

現時点におけるタリバンの内政の特徴は一言で言うなら、プラグマティズムにある。タリバンは現在も「アフガニスタン・イスラーム首長国」を名乗っているが、新憲法は制定されず、旧憲法がイスラーム法に反しない限り適用されるという方針が示されており、正式な国名も発表されていない。もともと、第一次タリバン政権の検事総長だったマウラウィー・ザーダは1997年のインタビューで「国家の基本的条件を定めた根本規定はシャリーアである。したがって、我々は憲法を必要としない」と語っており、タリバンにとって、憲法も政府もすべて、便宜的な存在であると考えてよい。

2021年8月17日、ムジャーヒド報道官は以下の施政方針を発表している。

＊イスラーム的統治の実現　＊全ての者に恩赦を与える　＊治安の回復　＊外交団の安全の確保　＊アフガニスタンは他国に脅威をなげかけない　＊内政不干渉を求める　＊イスラームの教えの範囲内で、女性の権利を保障する　＊メディアは仕事を続けられる（ただし⑴イスラームを傷つけない、⑵中立的である、⑶国益を損なわない、という3つの要件を満たすこと）。＊包摂的な政府の樹立を目指す　＊長引いた戦争を終結させる　＊ケシ栽培の撲滅。

前掲の『タリバン台頭』が引用する「イスラーム的統治とは、その定義や実行において不明瞭なものではない。イスラーム的統治の原則は、クルアーン、ハディース、およびイスラーム法学の中に記述・編纂されている」「ムスリムは何世紀にもわたりこうした統治の下で安寧を享受してきた」との『ジハードの声』の論説記事は、タリバンのイスラーム法理解を端的に示している。2022年4月に公刊された最高裁長官アブドルハキーム・ハッカーニー師の『イスラーム首長国とその制度』もそれを裏付けている(※30)。

タリバンの成功は、アフガニスタンの農村の伝統的価値観に寄り添ったことによるが、『タリバン台頭』は「農村社会においてはパシュトゥーン人の部族慣習法パシュトゥーン・ワリーが、人々の行動様式を規定する暗黙のルールとして機能し、影響を与えている」と述べ、パシュトゥーン・ワリーとして以下の事項を挙げている。

「勇気、戦闘の掟、夜襲、人質、避難、戦争における女性の役割、長上に対する尊敬、復讐、聖戦、集会、平和、和約、誓約、忠実、決断、不撓不屈、民族愛、自尊心、大望、自由、平等、客に対する歓待、客に対する尊敬、旅行護衛、郷土愛と自衛、民族の独立、信仰、貞潔、協調、素朴、家系と伝統の尊重、男女の結婚年齢、女性の尊厳、家庭における女性の役割、子弟の教育方針、遊戯、パシュトゥン族についての外国人の意見、平等、真実、援助、救済、警報伝達、団結、人質、妻と夫、寡婦、一夫多妻と女子の誕生、民間伝説」(勝藤猛『パシュトゥン族の道徳と慣習』3頁)

拙著『タリバン　復権の真実』ではパシュトゥーン・ワリーについては殆ど述べること

ができなかったので、『タリバン台頭』のパシュトゥーン・ワリーの重要項目の説明をここで纏めておこう。

❶**勇気**（トゥーラ）：「トゥーラ」の語源は刃渡り1メートルほどの刀のことであり、パシュトゥーン人の男子にとっては、勇気、勇武はとても重要な価値である。

❷**避難**（ナナワテー）：ナナワテーとは、危険が迫る者が庇護を求めることで、求められた者は身命を賭して保護しなければならない。タリバンがビン・ラーディンをアメリカに引き渡さなかったのもこのナナワテーによる。また遊牧民であるパシュトゥーン人にとって客の歓待（メルマスティヤー）も重要である。

❸**復讐**（バダル）：パシュトゥーン人は復讐（バダル）を果たすまで諦めることはない。復讐できなければ次の世代に引き継がれ、数世紀経っても消えない。

❹**集会**（ジルガ）：ジルガは、重要問題が起こるたびに随時開かれ、意思決定が行われる。アフガニスタンの統治者によって部族長や指導者が全土から召集される最大の部族大会議であるロヤ・ジルガが国家的問題に関する重要事項を決める意思決定方式として機能してきた。

❺**女性の尊厳**（ナームース）：パシュトゥーン人社会において、他人の妻や娘について少

※30　これまで本邦では、拙著『タリバン 復権の真実』を除き、タリバンの政治理念の紹介は存在しなかったが、『アラブ調査室 Show a Foundation for Economic Research Office of Arab Studies』２０２２年８月号に、タリバン政権の現法務大臣兼最高裁長官アブドルハキーム・ハッカーニー師の著『イスラーム首長国とその制度』を紹介するレポート（室達康宏「ターリバーン法務大臣執筆の書籍に見るターリバーンによるイスラーム的統治の考え方」）が掲載された。同レポートによる同書の纏めは第二次タリバン政権の政治理念を知る手引きとして便利なので、長文になるが、以下に引用する。

「イスラーム政権とその制度」の主要項目の概要

⑴ジハードの目的

イスラームの道を確立する手段はアッラーとイスラームの敵に対するジハード以外にはない。ジハードは審判の日が到来するまで続く。クルアーンは、ジハードの目的と意義を示し、教えが全てアッラーを示すまでムジャーヒドはジハードを放棄すべきではないとした。クルアーン第8章39節は、「教えが全てアッラーを示すまで彼ら（不信仰者）と戦え」と規定している。ジハードの本来の目的とはアッラーの統治を現世で実現することである。米軍が撤退したからといってイスラーム政権（ターリバーン）のムジャーヒド（聖戦士）がジハードを放棄することは許されない。なぜならアフガニスタン人によるジハードの目的はこの地においてアッラーの法を確立するためだからだ。アッラーの法の確立はアフガニスタンにおけるイスラーム国家の実現を意味し、イスラーム国家の実現にはイスラーム的制度と制度を運営する指導者が必要となる。

⑵統治

世界の国々の統治は2種類に分類される。1つ目は歳入や税金の徴収をスローガンとする政府・国。2つ目は導き（勧善懲悪）をスローガンとする政府・国である。既存の大多数の国々は1つ目に分類されるため例示説明の必要はない。2つ目の「導きの政府・国」が存在するのは稀である。「導きの政府・国」における3つ柱は①独立した司法、②イスラームの軍隊、③天啓の法である。人定法はアッラー及びアッラーの使徒が示したムスリムの道から外れるため拒絶される。「導きの政府・国家」を実現するイスラーム的統治は6要素で構成される。①国家元首、②能力主義だけに基づき登用する国家機関、③シャリーアが示す原則から導き出す市民法、④独立した司法機関、⑤強力な軍隊、⑥勧善懲悪委を担う人々。イスラーム的統治における法源は次のとおり。①クルアーン②スンナ（預言者ムハンマドの言動）③イジュマー（合意）、④キヤース（類推）他6つの法源。

⑶宗派

アフガニスタンにおける司法は、スンニ派ハナフィー派法学の解釈のみに依拠し、ハナフィー法学派の解釈・見解を採用する。

大多数のアフガニスタン人は昔からハナフィー法学派に属し、ハナフィー法学派の解説書に慣れ親しんでいる。また、ハナフィー法学派は昔から世界的に知られており、著名なイスラーム法学者の多数派はハナフィー法学派であった。なお、アフガニスタンでは少数派を対象とした司法上の特権を認めることはしない。オスマン帝国は少数派の学派を認め、少数派の特権や外国人を対象とした外国の司法制度を認める司法のダブルスタンダードを導入したことによって司法制度自体が弱体化した。

(4)伝統と習慣、独立

イスラーム的統治においてはシャリーアに反しない限りアフガニスタンの伝統、慣習、言語は尊重される。一方、米国などの外国に由来する文化はアフガニスタンの伝統とは無関係である以上にシャリーアとアフガニスタンの伝統に反している。外来の文化は排除しなければならない。また、イスラーム国家は法、政策、制度において独立しており、外国人が（伝統と習慣を含む）アフガニスタンの内政に干渉することは許さない。アメリカはのりを超えて不正を押し付けてきたためアフガニスタン人はジハードを宣言した。

(5)自由

言論の自由とは、「公に真実を語る」と定義される。イスラームではムスリムの指導者は真実を述べること（言論の自由）を奨励し、それに耳を傾けるべきとされている。2代目カリフであるオマル・ブン・ハッターブは、人前で己の発言を誤っていると指摘した女性が現れた際自身の発言の過ちを認めた例がある。ただし、言論の自由は他宗教へいざなうことは含まれない。信仰の自由とは、誰もが自由に信仰を選択できることではない。イスラーム教徒が他の宗教に改宗することは許可されない。しかしながら、イスラーム国家に住む非イスラーム教徒は自由に彼らの宗教を維持・実践できる。こうした意味の信仰の自由が尊重されるので、非イスラーム教徒が改宗を強制されることはない。

(6)選挙

イスラーム教の歴史には民主的選挙は存在しておらず、歴史上のイスラーム国家は選挙を認めていない。もし民主的選挙が優れた制度であれば、預言者ムハンマドと彼の級友は民主的な選挙を実践していたはずだ。民主的な選挙は不信仰者が生み出した制度であり5つの否定的な側面を有する。①統一を乱し、部族、政党、言語の違うグループ間での非難合戦を誘発する。②賢明な学者と無知な凶悪犯、男性と女性、信仰者と不信仰者の意見が投票において同価値であると見なすことはイスラームの教えから外れる。③シャリーアに基づく正当性が付与されないまま、個人資産と公金が浪費される。④選挙の立候補者は指導的地位を獲得するために、当選目当てで履行できないあるいは履行しない公約を掲げ人々を欺き自身への投票を呼びかける。⑤選挙は不正から免れない。票の買収によって有権者が誘惑され選挙結果に負の影響を与える。イスラーム国家においてシュー

IEA最高裁長官（内相代行）ハッカーニー師の署名入り翻訳許可書

بسم الله الرحمن الرحيم

إمارة أفغانستان الإسلامية
المحكمة العليا
النيابة الإدارية
رئاسة علاقات العامة والخارجية و الإعلام

التاريخ: ١٤٤٥

العدد:

[redacted]

السلام عليكم ورحمة الله وبركاته

الموضوع: إذن ترجمة كتاب "الإمارة الإسلامية ونظامها"

دمتم في حفظ الله و رعايته و بعد،
كتاب "الإمارة الإسلامية و نظامها" الذي كتب باللغة العربية و نال بعد طباعته إعجاب القراء في كثير من بلاد العالم و لفت انتباههم وقد تمت ترجمته في وقت قصير إلى لغات أخرى مثل، البشتوية و الدرية و البنغلاديشية والأردية و مازال قيد الترجمة إلى لغات أخرى.
وأنكم نويتم ترجمة هذا الكتاب باللغة اليابانية، لقد تلقيت طلبكم في هذا الصدد، انا قاضي القضاة ورئيس المحكمة العليا لإمارة أفغانستان الإسلامية الشيخ عبد الحكيم (الحقاني) أذنت لكم بترجمة هذا الكتاب و من المأمول أن تقوموا بترجمته إلى اللغة اليابانية بدقة وبشكل تام.

مع الاحترام

الشيخ عبدالحكيم (الحقاني)
قاضي القضاة و رئيس المحكمة العليا

عفا الله عنه
١٤٤٥/٧/٢

[redacted]

ラー（諮問評議会）のメンバーは、多数決ではなくイスラーム法の資格知識や特性によって選出される。

(7)女性教育・社会参加

イスラームの歴史では女性が最高指導者の選出の議論に参加した事例は存在しない。また、女性が男性と肩を並べて、国家の運営、政治、戦闘での指揮に参加した事例もない。天性に基づく女性の仕事は出産と育児であり、育児に男性は関与してはいけない。男性は家の外で働き、産業農業商業や政府での公的な仕事に従事し、家族を養う糧を得るために日夜働く。こうしたあり方こそアッラーが男女それぞれに定めた天性に基づく役割であり、現在世界に広く流布しているあり方は不信仰である。女性に学ぶ義務が課されるのはイスラーム教育だけである。近代教育は義務ではないが、学ぶことは可能である。しかしながら女性は、医療や仕立てなどの女性の天性に合った分野に関する教育のみ受けることが可能である。したがって女性が科学や幾何学などの分野の教育を受けることは許可されない。この前提の上で、誰が女性に教育し、どのような状況・手段で（外出を避けるべき）女性が学校・大学で教育を受けることが可能になるかの課題がある。女性教師だけが女生徒に教えることが可能である。もしそれが出来ない場合、女子学生と男性教師の間をカーテンで区切る必要がある。また、教育目的であっても、女性は男性親戚の同伴なしで、または3日を超える日数を要する移動・外出は許可されない。

仕事は管理職と非管理職のポジションの2種類に分類される。女性は非管理職のポジションでのみ働くことができる。ただし、女性が職場で働くのは、その職場で労働力が必要な場合に限定される。なお、女性が外で働く必要がある場合、基準を満たしたヒジャブの着用や男性がいない職場などの諸条件を満たす必要がある。（室達康宏「ターリバーン法務大臣執筆の書籍に見るターリバーンによるイスラーム的統治の考え方」『アラブ調査室 Arab Studies』２０２２年8月号5－7頁）

なお同書については、イスラーム研究者の翻訳チームを組織し、著者のハッカーニー師から翻訳許可を得て現在翻訳作業を進めている。

しても関心を示すことは、女性のナームース（尊厳）を傷つけることになる。たとえば「奥さまのご機嫌はいかがですか？」と尋ねることはその女性のナームースを傷つけ、ひいてはその男性のナームースを傷つけることになる（※31）。

(3) 治安の問題

タリバンの支配の正当性は、40年を超えるアフガニスタンの戦乱を終わらせ、戦いに倦んだ国民に平和と秩序をもたらしたことにかかっている。最初の試練は、ＩＳＫＰ（イスラーム国ホラサン州（※32））によってもたらされた。米軍の完全撤退を待たず、ＩＳＫＰは２０２１年8月26日にカブールのハミド・カルザイ国際空港を襲撃し自爆攻撃を行い米軍13名とタリバン兵士を含む推定１７０名のアフガン人を殺害し、10月には8日にクンドゥズ、15日にカンダハルのシーア派のモスクで自爆攻撃を行い、それぞれ55人、41人以上を殺害した。

タリバンの復権の原因は、第一次政権と異なり北西部の国境をいち早く抑えたことである。内政上の脅威は事実上、ＩＳＫＰ以外に存在しない。第一次タリバン政権においても最後まで旧共産主義者とムジャーヒディーンの匪賊の軍閥の犯罪者集団が立て籠もった天然の要害パンジシール峡谷で、旧政権の第一副大統領アムルッラー・サーリフが暫定大統領を自称し、元国防相アフマド・シャー・マスウードの息子のアフマド・マスードを担いで国民抵抗戦線（NRF）を立ち上げた。しかしタリバン政権は早くも9月17日にパンジシール州の州都バザラックを陥落させ、アフガニスタン全土征圧を宣言し、暫定政権の閣僚ポストを発表し、アフガニスタンを実効支配する正当な政府であることを内外にアピールし、政権運営を始めたのである。

アムルッラー・サーリフもアフマド・マスードもタジキスタンに逃亡した。既に述べたように、彼らはもともと「国際社会」とアフガニスタン国民を長年にわたって食い物にしてきた犯罪者集団であり、彼らを反体制派として扱うのはミスリーディングでしかない。正しくは、彼らは詐欺師集団として扱うべきである。

アフガニスタンの治安上の最大の脅威はISKPであり、それ以外にタリバン政権に対抗する反体制運動は存在しない。論じるに足る唯一の例外は、ヘラートでのハザラ人の軍

※31　『タリバン台頭』第3章「伝統的部族社会アフガニスタン」2「部族統治の実態」参照。

元国防省アフマド・シャー・マスードの息子のアフマド・マスード

司令官マウラウィー・マフディーの反乱である。
マウラウィー・マフディーは2020年3月に第一次タリバン政権時代を含めてタリバンで初めてシーア派のハザラ人としてサレ・プール州のバルハブ地区の知事に任命された(※33)。詳細は現時点では不明だが、マウラウィー・マフディーはタリバン政権のハザラ人に対する扱いへの不満から反旗を翻し、帰順を求めるタリバン政権の説得に応じず、戦闘になり、8月17日に死亡が確認された。マウラウィー・マフディーはイランに逃亡しようとしたが、失敗して殺害されたが、その過程で多くの市民が犠牲になったとも言われる。現時点で、マウラウィー・マフディーの反乱がサレ・プール州のハザラ人コミュニティ全体に広がっている兆候はない。しかしマウラウィー・マ

※32　イスラーム国ホラサン地方管区（ISKP: Islamic State Khorasan Province）である。「ホラサン」は正確には「Khurāsān:フラーサーン」だが慣用にしたがい本書ではホラサンと記す。ＩＳＫＰはパキスタン・タリバン運動から分派したハーフィズ・サイード・ハーンを指導者に、「ウズベキスタン・イスラーム運動」、「タウヒード旅団」、「カリフ制とジハードの助成者」、「神軍（Jundullāh）」などの諸組織にウイグル人たちを加えて２０１５年に設立された。ＩＳＫＰはアフガニスタンのハザラ人やシーク教徒、パキスタンのスーフィーなどを標的としてきたが、サイード・ハーンは２０１６年７月26日に空爆で殺害された。彼の後を継いだアブドルハスィーブ・ロガーリーが２０１７年４月27日、次のアブドッラフマーン・ガーレブも同年７月11日、次のアブー・サアド・オラクザイが２０１８年の８月15日に殺害された。

　アブー・サアド殺害後にズィアウルハック・ホラーサーニーが新たな指導者に任命されたが、米国主導の外国軍、アシュラフ・ガニー政権のアフガン軍、アフガニスタン・タリバンによる掃討作戦により、２０１９年にＩＳＫＰは目に見えて弱体化し同年末には、数百人の戦闘員とその家族が政府に投降し、翌２０２０年の年明けまでに合計１５００人近くが投降し、専門家たちによって壊滅状態にあるとみなされるに至っていた。

　ＩＳ指導部はインドとパキスタンの地方管区（wilāyah）を分離しＩＳＫＰを再編してズィアウルハックを解任した。しかしＩＳ本部が、ハッカーニー・ネットワークの司令官、またアルカーイダのメンバーとしての経験を有した都市ゲリラ戦争の専門家シハーブ・ムハジールを新指導者に任命すると、ムハジールはハザラ人のシーア派の襲撃とタリバンとの対決重視の戦略を採用し、一定の成功を収めるようになった。

　一大転機は米軍の撤退による２０２１年８月15日のタリバンの首都カブール奪回であった。タリバンのカブール進軍によりバグラムのパルワン拘置所とプーレ・チャルヒー刑務所を管理していたアフガニスタン治安当局者が逃走したため、タリバンの戦闘員、アルカーイダの幹部に加えてＩＳＫＰのメンバーを含む数千人の囚人が解放された。タリバンは刑務所から連れ出したズィアウルハック元指導者ら９人のＩＳＫＰメンバーを処刑したが、多数のＩＳＫＰのメンバーが逃亡し戦列に戻ったと言われている。Cf., Kyle Orton, "The Leaders of the Islamic State in Afghanistan", *Kyle Orton's Blog,* 2021/09/03.また２０１５年の創設以来のＩＳＫＰの詳しい通史についてはCf., Fazelminallah Qazizai & Chris Sands, "Faith and Vengeance: the Islamic State's War in Afghanistan Since its formation in 2015-ISKP has been killing civilians and fighting the Taliban in a wave of violence unlike anything the country has seen before. This is the inside story of the group's rise, fall and possible rebirth", *New Lines Magazine,*2022/08/01.

フディーの反乱がシーア派のハザラ人とスンナ派の対立の問題の根深さを改めて示すものであったことは確かである。

というのは、シーア派の問題は、ＩＳＫＰとタリバンの主要な対立点の一つだからである。

クレア・パーカーによると、過激派グループを監視する非営利団体SITE Intelligence Groupによると、ＩＳＫＰは２０２１年8月以降アフガニスタンで２２４件の攻撃を行ったと主張しそのうち30件は重大なものであり、ほとんどがタリバンの集会を標的にしたものであった。また国連監視団によると、２０２１年末、イスラーム国の本部はＩＳＫＰに新たに50万ドルの資金を提供している。米国防総省の最新の報告書によれば、ＩＳＫＰは２０２２年4月から6月末までに80件の攻撃を行ったと主張し、ほとんどがハザラ人とスーフィーの少数民族を標的としたものであり、最大の攻撃は4月のマザリシャリフのシーア派のハザラ人のモスクの爆破で、少なくとも31人の市民が死亡し、60人以上が負傷している。また２０２３年には3月にバルフ州知事庁舎襲撃でムザミル州知事が殺害され、6月にはバダフシャーン州でアフマディー副知事が爆殺されている（※34）。

ウィルソン・センターのマイケル・クーゲルマン氏によると、ＩＳＫＰは、タリバンを直接攻撃して権力基盤を弱体化させることと、民間人を攻撃してタリバンによる支配が平和と安定を回復したというタリバンの主張を論駁することという二面戦略を取っている（※35）。またタリバン政権は外国人観光客を歓迎しているが、バーミヤンでＩＳＫＰによってスペイン人観光客３名が襲撃殺害されている。タリバン政権の保健相がスペイン大使に弔意を表明した（※36）。ＩＳＫＰ対策は平和と治安の回復によって国民の支持を得たタリバン政権の正当性を揺るがしかねない最重要課題なのである。

ただし確かにＩＳＫＰはアフガニスタンの治安にとって最大の脅威であるが、彼らはアフガニスタンの伝統的農村社会に基盤を持たず（※37）、戦争に倦んだアフガニスタンの国

※33 マウラウィー・マフディーとハザラ人とタリバンの関係については以下が詳しい。Cf., Thomas Ruttig, "The case of Mawlawi Mehdi and Balkhab District: Are the Taleban attracting Hazaras?", 2020/05/23, *Afghanistan Analyst Network* (https://www.afghanistan-analysts.org/en/reports/war-and-peace/the-case-of-mawlawi-mehdi-and-balkhab-district-are-the-taleban-attracting-hazaras/)

※34 青木健太「ターリバーンによる統治と中国の存在感の増大」『アジア動向年報２０２４年版』日本貿易振興機構アジア経済研究所（２０２４年5月24日）５７６－５７７頁参照。

※35 Claire Parker, "How strong is the Islamic State in Taliban-ruled Afghanistan?", 2022/08/19, *The Washington Post.* (https://www.washingtonpost.com/world/2022/08/18/faq-islamic-state-khorasan-afghanistan-taliban/)

※36 ２０２４年5月21日付 Aaron Y. Zelin@azelinのポスト（https://x.com/azelin/status/1792886292472626279）参照。

民の多くがＩＳＫＰの呼びかけに応える可能性はほぼ皆無である。

治安問題に関して述べておく必要があるのは、２０２２年７月31日に米軍のドローンによる精密照準攻撃によりアルカーイダの指導者アイマン・ザワーヒリーがカブール市内で殺害された事件である。当初、暫定内務大臣スィラージュッディーン・ハッカーニーが一緒に殺害されたとのニュースも流れたが、すぐに誤報であると米軍は否定した（※38）。しかしＦＢＩはスィラージュッディーンをテロリストの指名手配リストから外しておらず、アメリカがいつアフガニスタンの主権を犯しタリバン政権幹部をはじめとするアフガニスタン国民を殺害するか、との不信感を抱かせるものであった。

アルカイーダの指導者だったアイマン・ザワーヒリー

アメリカは20年にわたってアフガニスタンを侵略、蹂躙してきたが、米軍のザワーヒリー暗殺は現在においてもなおアメリカが治安の大きな不安要因であることを改めて印象付けた（※39）。

(4) ウラマー会議

タリバンは、最高指導者ヒバトゥッラー・アフンザーダの名の下に新政府の閣僚名簿を発表した。その時もヒバトゥッラーはメディアの前に姿を現わさず、その後もその言動には厳重な報道管制が敷かれていることから、生存を疑う声が繰り返し聞かれていた(※40)。

ところが2022年7月、カブールで3000人のウラマーの集会が開催され、通常は

※37　青木もISKPはアフガニスタンでは異物であり国内で実効支配地域を広げる可能性は低いと述べている。『タリバン台頭』175頁参照。

※38　Cf.,https://twitter.com/karimi_shafi/status/1554223652534730753?s=20&t=83tOG0FRb-j0ndy6oJhaWQ,https://twitter.com/gloomynews/status/1554254612621709314?s=20&t=vXzkuOCJ0NFWoUEQe444cA.

※39　ザワーヒリーの葬儀について、アーフンド首相が国葬にすべきと主張したが、国際社会への悪影響を考慮して反対したため見送られたと言われている。「ザワヒリ容疑者国葬を提案　閣議でタリバン首相」2022年8月12日付『産経新聞』参照。匿名の情報筋によるとザワーヒリーは2018年にパキスタンからイランに移動していたが2020年にヘルマンドに移動した。しかし2022年にタリバンの幹部の意向に逆らった諜報部員の手引きでザブール、ガズニを経由して密かにカブールに潜入したが、スィラージュッディーン・ハッカーニー内相に潜入が知らされた直後にアメリカ軍に殺害されたと言う。Cf., Harald Doornbos&Jenan Moussa, "al-Qiṣṣah ghayr al-Marwīyah li-Ākhir Riḥlah li-Ayman al-Ẓawāhiī ilā Kābūl wa-limādhā lam tatamakkanu al-Qā'idah min I'lān Khalīfati-hi", *Akhbār al-Ān*, 2024/07/31.

※40　E.G., "Reclusive Taliban supreme leader makes rare public appearance", *The Guardian*, 2021/10/31, Hannah Ritchie and Sahar Akbarzai, "Taliban supreme leader warns foreigners not to interfere in Afghanistan", *CNN World*, 2022/07/02.

カンダハルを離れることがないと言われるヒバトゥッラーが出席し演説を行い、外国の内政干渉を非難し、「アフガン・ジハードはアフガン人だけではなく全世界のムスリムが誇るべきものである」と述べた。また「私は旧政権の圧政者たちを赦す。私は彼らの過去の行動の責任を問わない。新たな罪を犯したのでない限り、誰であれ彼らを害する者を私は罰する。しかし恩赦は彼らを政府に入れることを意味しない」と述べ、旧傀儡政権への協力者も、新たな罪を犯さない限り、旧悪の責任は問わず安全を保障することを再確認すると同時に、彼らを政権の意思決定過程に加えないことを明らかにした(※41)。

第2項「統治の方針」で述べた通り、タリバンは政権運営に旧政権の役人を登用するのみならず、憲法もシャリーアに反しない限りで旧憲法を使いまわしている。「信徒たちの長」ヒバトゥッラーが臨席したこのウラマー会議は、タリバン運動の性格を知る上で極めて重要である。

憲法も政府も官職もタリバン政権の実体ではない。「信徒たちの長」としての最高指導者ヒバトゥッラー、そして彼を「信徒たちの長」とみなすことができるイスラームの信仰、学識、意志を有する学徒たちの存在そのものがタリバン運動なのであり、内閣や役職などの形式に囚われて、本質を見誤ってはならない。タリバン運動とはアフガニスタンの国境を超えて志を同じくデオバンディー学派を中心とするイスラーム学徒の運動であり、宗教や宗派の違いを問わず彼ら学徒を中心に彼らの統治を積極的、消極的に受け入れる者の総体が、「アフガニスタン・イスラーム首長国」なのである。しかしタリバンとアフガニスタン・イスラーム首長国の性格については、第Ⅲ部で詳述することにしたい。

※41　Cf., "Taliban supreme leader addresses major gathering in Kabul", *ALJAZEERA*, 2022/07/01, Hannah Ritchie and Sahar Akbarzai, "Taliban supreme leader warns foreigners not to interfere in Afghanistan", *CNN World*, 2022/07/02.

［第3章］タリバンの外政

(1) 問題の背景

2024年7月1日現在、国連はタリバンをアフガニスタンの正当な政府と認めておらず、タリバン政権を正式承認した国家は存在しない。国連での代表権、大国からの国家承認がタリバン政権の外交の成果を評価する上で重要な形式的な基準であることは疑う余地はない。しかしそれを絶対視することは認知の歪みをもたらす。

むしろ、現在から振り返ると、いわゆる「国際社会」は、破綻国家でしかなかったアフガニスタン・イスラーム国（ムジャーヒディーン政権・北部同盟：1992－2001年）や、アフガニスタン・イスラーム共和国（2004－2021年）を国家承認し、アフガニスタンの代表権を有する合法政権とみなし続けてきた。タリバン（イスラーム首長国）が国際法的に国家承認に値するかを論ずるよりも、むしろ破綻国家を承認し続けただけではなく、アフガニスタンを破綻国家化させた国際社会、国連が、国際機関を名乗り、国際秩序を管理する正当性、能力、資格があるのかが厳しく問い直されねばならない時なのである。

アメリカが主導し、それを国連が正式に裏書し、20年にわたって欧米の軍隊の力でアフガニスタンの民衆を拘禁、殺傷、抑圧し、巨万の富を蕩尽し、「人権」、「民主主義」の名の下に、近代西洋の文化を暴力的に押し付けようとした結果、大統領が敵前逃亡して一夜にして瓦解するような傀儡政権しか作れなかった国連、国際社会の無能さを直視しなければならない（※42）。

タリバン政権の復権の後、ロシアのウクライナ侵攻、ガザ戦争におけるイスラエルによるパレスチナ人のジェノサイド、などによって、国連の機能不全だけではなく、「主権国家とは何か」、「国連における国家の代表権の意味は何か」、「国家の自衛権とは何か」などの問いを我々は突きつけられている。

※42　遅ればせながらメディアによる検証が始まったことは喜ばしい。「多くのアフガニスタン人は、米国が支援する政府とそれを象徴するものすべてを軽蔑するようになった。『彼らが民主主義の名の下にもたらしたのは、少数のマフィア・グループの手に渡るシステムだった』と、当初は政府を支持していたカンダハルのある住民は言う。『国民は民主主義を憎むようになった』。」Cf., Azam Ahmed, "A Hidden History", *The New York Times*, 2024/05/22..

国連も国際法もしょせんは不完全な人間が作った間に合わせの制度でしかない。しかし我々は皆、「ノイラートの船」(※43)の乗客であり、いきなり降りて乗り換える船はなく、今あるものを弥縫《びほう》的に修理しながらだましだまし使っていくしかない。それを踏まえた上で、タリバン政権の復権は、国連、そして近代主権国家、領域国民国家概念の虚構性を再認識し、相対化するための格好の事例である、と著者は考えている。しかしこの問題については第Ⅲ部で詳しく述べることにし、本章では具体的なタリバンの外交とタリバンをめぐる周辺国の動きを略述しよう。

(2) 復権に至る根回し

タリバンの復権はカブール進攻の前に、パシュトゥーン人だけでなく地元のタジク人、ウズベク人、ハザラ人など他のエスニック集団にも目配りし時間をかけて事前に地元の有力者たちを調略し、パシュトゥーン人が多数を占める南部だけでなく34州の全てを殆ど戦闘なく手中に収めたことで実現した。その結果、イラン、トルクメニスタン、ウズベキスタン、タジキスタン、中国との国境地帯を抑え、アフガニスタン政府を国内に閉じ込め閑

2012年6月27日、同志社大学神学館で開催された公開講演会「アフガニスタンにおける和解と平和構築」。左端は筆者。左から2番目がディーンムハンマド師（当時タリバン代表で現経済大臣）

税収入を奪うことができたのである。そしてそれは国内での諸エスニック集団の部族長の調略だけでなく、周辺国での水面下の外交活動にもよっていた。

後述の通り、タリバンの公式代表を招聘した2012年の同志社大学のアフガニスタン和平会議は、タリバンの公式外交に先鞭をつけた。その後フランスが、和平に介入しようとしたが、自らの失敗を認めず傀儡政権の延命に固執し非現実的な要求を繰り返したために失敗に終わった（※44）。

欧米に代わってタリバンを中心としたアフガニスタン和平構想のイニシアティブを取ったのがロシアであった。2016年12月27日、モスクワでアフガン問題に関してロシア／中国／パキスタンの3か国首脳会議が開催された。この頃からロシアは対アフガニスタン政策でイランに加えて新たにパキスタン、中国との関係を深めていくが、招待されなかったアフガニスタン政府とインドの不満をなだめるために翌17年2月にはインドとアフガニスタン政府、4月には中央アジアに招待枠を増やした。2018年11月にはロシアはアフガニスタン和平首脳会議にタリバンを招待した。アフガニスタン政府は会議に参加しなかったが、ロシア主催の首脳会議に招待されたことは対米交渉におけるタリバンの立場を強化した。2019年にはモスクワでロシア外務省の後援の下にアフガニスタン対話集会が開催され、カタルのタリバン代表部からシャル・アッバースを団長とする10名のメンバーが招かれ、アシュラフ・ガニー大統領は非難し欠席したが、アフガニスタン国内からもカルザイ前大統領、ハニーフ・アトマル前国家安全保障担当大統領顧問らの要人が参加した(※45)。

こうしてイラン、パキスタン、中国というアフガニスタン周辺の地域大国との間でタリバンがテロ組織ではなくアフガニスタンの主要な政治勢力であるとのコンセンサスが作り上げられた後に、2021年3月18日、ロシアはアメリカとタリバンをモスクワに招き、米露中パによるアフガン和平会議を開催した。この会議は、タリバンの国際政治の表舞台への完全な返り咲きを告げるものであると同時に、米軍の撤退後にタリバンが復権したア

2021年3月18日にロシアのモスクワで開催されたアフガニスタン和平会議に出席したカルザイ（1列目左端）とバラーダル師（1列目右から2人目）

フガニスタンが中露パキスタンの影響圏に入ることがアメリカによって黙認されたことをも意味した。

こうしてタリバンは後背地のパキスタンだけでなく、西部のハザラ人に影響力があるイラン、ウズベク人、タジク人、トルクメン人らと同族のウズベキスタン、タジキスタン、トルクメニスタンを集団安全保障条約機構（CSTO）（※46）で束ねるロシア、東部の地政学的要衝ワハン回廊と国境を接する中国との関係を固め慎重に準備した上で、カブール侵攻の準備を進めたのである。

そして迎えた2021年8月15日であったが、アシュラフ・ガニー政権の崩壊に至る具体的プロセスの詳細が米軍によって明らかにされている。

タリバンは15日の午後1時半過ぎの声明で、カ

カブールに入場したタリバン戦闘員たち（2021年8月15日）

ブールには入城しないようにと指示を出し、イスラーム共和国のミール・ザクワール内相代行もカブール市民に対して、タリバンと移行政権を作ることで合意をかわしておりカブールが攻撃されることはないとの演説動画を配信した。ところがその数時間後にアシュラフ・ガニー大統領が国外逃亡したことが判明し、午後6時過ぎに政権№2のアブドゥッラー・アブドゥッラー国家和解高等評議会議長がアシュラフ・ガニー「元」大統領の国外逃亡を公表した。

　アブドゥッラーの発表を聞くとタリバンは先の声明を撤回し、カブール市内で治安部隊要員が職場放棄し市民の生命と財産が脅威に晒されているため、略奪を防ぐためにカブール入城を命じる声明を発した。これを受けて15日夜半に、タリバンは大統領府を攻略しイスラーム共和国は崩壊した。8月6日に初めてニムルズ州都ザランジが陥落してからわずか9日間で政権崩壊に至った劇的な展開であった（※47）。

20年にわたりタリバンと民衆を迫害してきたアメリカ軍とその傀儡政権の走狗たちが、報復や処刑を恐れてカブール国際空港に殺到したが、米軍機は彼らを保護せず、機体にしがみつく民衆を振り落として逃亡した。この光景は米軍が20年にわたって占領し洗脳に努めたアフガニスタンとその民を見捨てたことを世界に示す何よりも明白なメッセージとなったのである。

※43　「われわれは、乗船中の船を大海原で改修しなければならない船乗りの様なものである。一から組み直すことなどできるはずもなく、梁を外したら間髪入れず新しい梁を付けねばならないし、そのためには船体の残りの部分を支保に利用するしかない。そういう具合に、古い梁や流木を使って船体全てを新しく作り上げることはできるものの、再構成は徐々にしかおこなえない。」オットー・フォン・ノイラート（経済学者、ウィーン学団創始者、１９４５年没）

※44　Cf., Saba Imtiaz, “The Outcomes of the ‘Taliban/Paris Meeting on Afghanistan’”, *ALJAZEEra Center for Studies*, 2013/01/24.

※45　Cf., David G. Lewis, “Return to Kabul? Russian Policy in Afghanistan”, George C. Marshall European Center for Security Studies, No.60, 2020 June.

※46　旧ソ連構成諸国による安全保障・領土保全を目的とする条約機構。１９９２年に集団安全保障条約（ＣＳＴ）として成立、２００４年に同機構に発展。最高意思決定機関の集団安全保障会議は加盟国の首脳により構成される。ロシア・アルメニア・ベラルーシ・カザフスタン・キルギス・タジキスタン・ウズベキスタンの７か国が加盟。

※47　『タリバン台頭』９－10頁参照。

(3) 欧米との関係

タリバンは2020年2月29日にアメリカと締結したドーハ合意（※48）に基づき、2021年2月16日に米軍との撤退協定で、アフガニスタンの領土を他国の安全を脅かすために使わせないことを公約した。そしてタリバンは実権掌握後も「アフガニスタンの領土を他国の安全を脅かすために使わせないこと」を繰り返し表明している（※49）。そしてこの「善隣友好」がタリバンの外交の基本となる（※50）。

欧米諸国は、20年にわたってアフガニスタンの国土と人心を荒廃させ、アフガニスタンの文化と伝統を破壊し、社会の分断と亀裂を深めた責任を取らず賠償もしないのみならず。アフガニスタンの海外資産を凍結し、経済制裁の名の下に国民の基本的人権を蹂躙し自由な貿易を妨げ、無法の上に無法を重ねている。事態を更に悪化させたのがアフガニスタンの主権を侵害しての米軍の空爆によるザワーヒリーの殺害だった。アメリカは第三者機関による管理、アフガニスタン中央銀行総裁の罷免などを争点にアフガニスタン中央銀行の在外資産（約70億ドル）凍結解除について協議をしていたが、この事件を機に、凍結解除の中断を発表した（※51）。欧米には根本的な世界認識の革新がない限り、タリバンとの正常

※48 以下はドーハ合意の関連条項の試訳である。

1. 米国が国家承認しておらずタリバンとして知られているアフガニスタン・イスラーム首長国は、そのメンバー及び、アルカーイダを含む他の個人またはグループのいずれにも米国とその同盟国の安全保障を脅かすためにアフガニスタンの地の利用を許さない。

2. 米国が国家承認しておらずタリバンとして知られているアフガニスタン・イスラーム首長国は、米国とその安全を脅かすグループや個人はアフガニスタンに居場所がないという明白なメッセージを送り、また米国が国家承認しておらずタリバンとして知られているアフガニスタン・イスラーム首長国のメンバーに米国とその同盟国の安全を脅かす個人や集団とは協力しないことを命ずる。

3. 米国が国家承認しておらずタリバンとして知られているアフガニスタン・イスラーム首長国は、この合意を遵守して、アフガニスタンのあらゆる個人と集団が米国とその同盟国に脅威を与えることを阻止し、また彼らの募集、訓練および資金調達を阻止し、彼らを庇護しない。

4. 米国が国家承認しておらずタリバンとして知られているアフガニスタン・イスラーム首長国は、亡命や居住を求める人々を米国とその同盟国の安全に脅威を与えないように、国際移民法およびこの合意の条項に従って対処することを約束する。

5. 米国が国家承認しておらずタリバンとして知られているアフガニスタン・イスラーム首長国は、米国とその同盟国の安全保障に脅威を与える者がアフガニスタンに入国するためのビザ、パスポート、旅行許可証及びその他の法的文章を提供しない。

ドーハ合意の全文は、アメリカ政府の公式サイトで見ることができる。https://www.state.gov/wp-content/uploads/2020/02/Agreement-For-Bringing-Peace-to-Afghanistan-02.29.20.pdf

※49 『タリバン台頭』156頁参照。

※50 室達は、復権以前に書かれた「ターリバーンの思想の基礎」と現役の法務大臣ハッカーニー師の『イスラーム首長国とその制度』とを比較し、ハッカーニー法務大臣がアフガニスタン人によるジハードはアフガニスタンの大地にアッラーの法を確立するためとしていることから、アーフンザーダ最高指導者も支持しているジハード（イスラーム的統治の実現）の地理的範囲はあくまでアフガニスタンに限定されていることが読み取れる、と述べている。Cf., 室達「「ターリバーン法務大臣執筆の書籍に見るターリバーンによるイスラーム的統治の考え方」3‐4頁

※51 青木健太《タリバン復権1年 「アルカーイダ指導者殺害」で表出した言行不一致》2022年8月17日付『フォーサイト』、「米、アフガン中銀の資産凍結解除を見送り」2022年8月16日付 *The Wall Street Journal*（日本語版）参照。

な外交関係を締結する可能性は低く、当面その見込みはないように思われる（※52）。

(4) ユーラシアの大国への道

これからのタリバンはユーラシアの大国として生まれ変わることになるだろう（※53）。既述のようにタリバンの復権を準備したのはユーラシアの二つの帝国ロシアと中国であった。中国は2022年3月24日王毅外相が他国に先駆けてタリバン政権下のアフガニスタンの首都カブールを訪問している（※54）。

王毅

2023年9月13日にはカブールにある大統領官邸で行われた承認式典でタリバンのムハマド・ハサン・アーフンド首相は中国の趙勝新駐アフガニスタン大使を承認していた。ところが2024年1月30日の習近平国家主席に信任状を提出する外国外交官の公式式典に参列した309人の外交官と共にタリ

バンの元報道官であるビラル・カリミから信任状を受け取り、中国外務省の汪文斌副報道局長が31日の記者会見で「アフガニスタンは伝統的な友好国で、信任状を受け取ったのは正常な外交活動だ」と説明し「アフガニスタンは国際社会から排除されるべきではない」と強調した。習近平政権は２０２１年にアフガニスタンでタリバンが政権を掌握して以来、世界で初めてタリバン政権の信任状を受諾した国となった。中国外務省はすぐに声明を発表し外交信任状の受理は公式な国家承認を意味しないと述べたが、信任状奉呈のニュースはタリバンにとって大きな外交的勝利とみなされている（※55）。

※52　本書「結びに替えて」参照。

※53　ジョン・ホプキンス大学の客員研究員ニクラス・スヴァンストレームが指摘するように、アフガニスタンの地政学的重要性を理解するには、19世紀のロシア帝国と20世紀のソ連の影響圏を指すショービニズムを反映した概念である「ユーラシア」や新疆とアフガニスタンとのリンケージを無視することになる「中央アジア」よりも、中央アジア／コーカサス研究所所長Ｓ・フレデリック・スターが提唱する「二千年にわたって一つの文化圏であり気候学・地理学的にステップ地帯、砂漠地帯、山岳地帯の三つの区域に分かれ、遊牧民と農耕民との間の共生関係によって特徴づけられてきた歴史を有する中央アジア5か国（カザフスタン、キルギス、ウズベキスタン、タジキスタン、トルクメニスタン）にアフガニスタン、［中国］新疆、パキスタン北部、［イラン］ホラサン地方を加えた地域を指す『拡大中央アジア（GCA：Greater Central Asia）』」という概念の方が有効である。

しかしＧＣＡは人口に膾炙していないため、本書では便宜的に「ユーラシア」の語を用いるが、アフガニスタンの安定はＧＣＡの安定の鍵となる。田中周「ＧＣＡを巡る中国の反テロ戦略　―アフガニスタンを事例として」『ユーラシアの自画像「米中対立／新冷戦」論の死角』（第15章）（ＰＨＰ研究所２０２３年）Ｋｉｎｄｌｅ版３４１－３４２頁参照。

※54　「中国外相がアフガン訪問、タリバン復権後初」２０２２年3月25日付*Reuters*。

一方、ロシアは在モスクワ・アフガニスタン大使館をタリバンに引き渡している（※56）。また2022年6月にはロシア版ダボス会議とも呼ばれるサンクトペテルブルク国際経済フォーラム（SPIEF）にモスクワのタリバン代表ジャマール・ナシール・ガルワラスが参加している（※57）。2023年9月には「アフガニスタンに関するモスクワ・フォーマット」会合をカザンで主催し、中露、パキスタン、イラン、インド、カザフスタン、キルギス、トルクメニスタン、ウズベキスタン、カタール、UAE、サウジアラビア、トルコから代表が出席し、タリバンからはモッタキー外相（代行）が参加し米国によるアフガニスタン在外資産凍結の速やかな解除を米国に要求した（※58）。

20年にわたって国連からテロ支援組織として経済制裁など様々な制裁を科される苛酷な条件下で、外国軍の完全撤退とアフガニスタンの伝統とイスラーム法に基づく統治という原則においていっさい妥協することなく周辺国との間で復権への条件を整える根回しをしてきたタリバンのしたたかさを過小評価すべきではない。しかし復権後のタリバン政権のユーラシア外交は決して順風満帆ではない。特に重要な同じムスリムの隣国、パキスタンとイランの間では、死傷者を出す武力衝突にまで至っている。

タリバンが復権するまで、タリバンに後背地を提供していたパキスタンであるが、アフガニスタンとパキスタンはデュランド・ラインをめぐって国境問題を抱えており、復権後は、緊張関係にあり、２０２２年2月にはカンダハル州スピーン・ボルダック地区でパキスタン軍とタリバンとの間で少なくとも死者2名と負傷者27人が出る衝突があった（※59）。

※55　「中国、タリバンから信任状　アフガン復帰後押し」２０２４年1月31日付『日本経済新聞』Ruchi Kumar,"Why has China recognised Taliban's envoy to Beijing?",2024/02/14, *ALJAZEERA*.
　２０２３年には複数の中国企業がタリバン政府と複数のビジネス契約を結んだが、中でも25年間にわたる石油採掘契約は、初年度の投資額は1億５０００万ドル、その後3年間で最大5億４０００万ドルと見積もられている。

※56　Cf., Javed Ahmad Kakar, "Afghan Embassy in Moscow handed over to new diplomat", Pajhwok Afghan News, 2022/04/09.

※57　Cf., Leyla Latypova and Jane Aaron, "Taliban, Separatists and Lukashenko: Russia Kicks Off Diminished St. Petersburg Forum", *The Moscow Times*, 2022/0615.

※58　青木健太「ターリバーンによる統治と中国の存在感の増大」５８１頁参照。２０２４年6月7日付のタリバン政権の広報紙『公式アフガニスタンの声』は、「アフガニスタンの政治的・経済的問題に対処するモスクワ・フォーマットの戦略的意義」との論説を掲げ、アフガニスタンと地域の大国、関係国を一つの傘の下に集めるために２０１７年に設立された「モスクワ・フォーマット」を、安全保障協力を強化し、経済発展を促進し、地政学的利益のバランスをとることで、アフガニスタンを進歩、繁栄、自立へと導く上で重要な役割を果たす外交プラットフォームとして高く評価している。Cf., "Strategic Significance of the Moscow Format in Addressing Afghanistan's Political and Economic Obstacles", *The Afghanistan Official Voice*, 2024, June 7.

※59　青木健太「アフガニスタン：デュランド・ラインを巡る国境問題の再燃への懸念」２０２２年2月25日付『中東かわら版No.１１５』（中東調査会）参照。デュランド・ラインとは１８９３年に英領インドのデュランド外相と、アフガニスタンのアブドゥルラフマーン国王との間で合意されたアフガニスタン・パキスタン国境。

4月にはタリバン政権と共闘関係にあるパキスタン・イスラーム運動（TTP）が、後背地であるアフガニスタンから越境したとして、パキスタン軍がアフガニスタン東部のホスト州、クナール州に越境攻撃を行い女性や子供を含め少なくとも46名が死亡している（※60）。両国関係の悪化に伴い、パキスタン政府は11日1日から不法難民の強制送還を開始し、国連によると、45万人余りのアフガン人が本国に帰されている（※61）。

また2024年3月16日にアフガニスタン国境近くの不安定なパキスタンの北ワジリスタン地区陸軍基地を狙ったTTPの攻撃があり、パキスタン兵7人が死亡、17人が負傷した。それに対する報復として翌17日パキスタンはアフガニスタンのクナール州とホスト州で越境空爆を行い子供3人と女性5人が殺害された。パキスタンは空爆はTPPの隠れ家を狙ったと主張したがアフガニスタンはこれを否定し18日に報復としてパキスタン東部国境沿いの軍施設を攻撃した（※62）。

またタリバン戦闘員はイラン軍とも国境をめぐって2022年2月、6月にも衝突し、6月にはイランの国境警備隊が死亡しており、7月末にはアフガニスタンのニムロズ州とイランのヒルマンドの間の国境地帯での戦闘でタリバンの戦闘員の1人が死亡した。

多民族、多宗派のエスニシティ集団が複雑な入れ子構造で共存するこの地域では、エスニシティ集団間の緊張関係は常態であり、6か国と国境を接するアフガニスタンでパシュトゥーン人の伝統（パシュトゥーン・ワリー）とイスラーム法に基づく統治の理念を掲げるタリバン政権が今後も難しい外交の舵取りを迫られ続けることは確かである。

(5) 上海協力機構

タリバンの復権は、アメリカの撤退の醜態が衛星放送とSNSで全世界にリアルタイムで配信されたことによって、アメリカの覇権の衰退、ユーラシアへの関与からの撤退の意思を劇的に印象付ける事件であった。そしてそれは予想を超える巨大な地政学的、文明史的地殻変動を引き起こした。アメリカに替わる覇権国家を目指す中国の台頭によって急速に進みつつある帝国の復興と文明の再編が加速化することになった。それは遂には中国の

※60　「パキスタンが越境攻撃、46人死亡か　武装勢力標的も子供ら巻き添え―アフガン」2022年04月17日付*Jiji.com*。参照。
※61　Jonathan Landay, Charlotte Greenfield「パキスタン、米国への移住手続き中のアフガン難民を強制送還」2023年12月27日付*Reuters*。
※62　"Taliban Says It Strikes Back After Deadly Pakistani Strikes", RFE/RL's Radio Mashaal and *RFE/RL's Radio Azadi* (2024/05/18).

2024年7月3日、カザフスタンのアスタナで行われた上海協力機構（SCO）首脳会議に合わせた会談で、中国の習近平国家主席と握手するロシアのウラジーミル・プーチン大統領

後ろ盾を得たロシアのウクライナ侵攻という第二次世界大戦後最大の正規戦を引き起こし、第三次世界大戦に発展しかねない「新冷戦」とも呼ばれる状況を現出した。しかし、それについては第Ⅲ部で論ずることとし、ここではタリバンの周辺国の動きに絞って略述しよう。

最も直接的で素早い動きは上海協力機構（SCO）の拡大、イランの正式加盟であった（※63）。タリバンのカブール入城からわずか1か月余り後、奇しくもパンジシール州の州都を征圧しタリバンがアフガニスタンの実効支配を実現し閣僚名簿を発表した2021年9月7日にタジキスタンの首都ドウシャンベで開催されたSCO首脳会議はイランの正式加盟を決定した。タリバンの急進撃は周辺諸国を不安にさせ、イラン

の加盟によるタリバンの抑制の必要を認識させ、それまでイランの加盟に反対していたタジキスタンとウズベキスタンが反対を取り下げたためである。

反米を国是とするイランは、上海協力機構への加盟によってアメリカの経済制裁の緩和の機会を見出し、ひいてはアメリカの影響力をユーラシアから排除することを目指しているのである。2001年に発足した上海協力機構の正規加盟国の領域は当初は中露を除けば中央アジアといったユーラシア経済共同体の国々のみだったが、インド・パキスタンの正規加盟に伴ってユーラシア大陸の5分の3に達し、加盟国の総人口は30億人を超える規模で世界人口の半分近くを占め、面積と人口では世界最大の地域協力組織となっている。

タリバンの復権は中央アジアにおける欧米の影響力の退潮と、SCOの重要性の高まりを明らかにした。2021年9月9日には国連アフガニスタン支援団（UNAMA）のライオンズ代表が国連安全保障理事会で「(アフガニスタンの) 経済・社会秩序は完全な崩壊の

※63　中国は従来からユーラシアのロシアの影響圏にSCOの正式メンバーを拡大したくないとの思惑があり、パキスタン、インド、イランを正式加盟国とした上でSCOの枠組でアフガニスタンとの対話を進めるべきであると主張していた。2017年にはパキスタンとインドは2017年にSCOへの正式加盟の手続きを終えていたが、2021年8月にタリバンが復権すると間もなくイランも正式加盟が認められた。田中「GCAをめぐる中国の反テロ戦略」『ユーラシアの自画像』344頁参照。

危機にある」と述べ、アフガニスタンに対する人道支援においても中露が主導するSCOが中核となるユーラシアの新しい地政学的構図が浮き彫りになったのである。

既述のようにロシアはタリバン政権の復権を準備し、中国と共にいち早く外交関係を復活させその国際社会への復帰を既成事実化させてきた。ウクライナ侵攻以降、プーチンは欧米との対決姿勢を強め、現行のIMFを使ったドル覇権主義を拒絶し中露が主導するユーラシアの資源国を中心とし世界の新興国、発展途上国を巻き込んだ新しい国際通貨バスケット方式の国際決済通貨圏を作ろうとしている(※64)。

プーチンはウクライナ侵攻以降初めての外遊となった2022年6月末にトルクメニスタンで開催されたカスピ海首脳会議に出席した。プーチンはこれまで反対していたトルクメニスタンからカスピ海を渡ってアゼルバイジャンに繋がる南部のカスピ海横断パイプライン構想を承認する一方で、東部でもトルクメニスタンが主導するトルクメニスタン－アフガニスタン－パキスタン－インドのガスパイプラインプロジェクト(TAPI)についてもロシアのガスをトルクメニスタンのガスと一緒に送るとの条件でその建設への協力を表明した。

ロシアの目的はバーター取引、ルーブル決済などによるドル通貨を介さない資源の輸送路の確保であるが、ユーラシアの中央部に位置するアフガニスタンの安定はこれらの輸送路のセキュリティー、リスク回避のために不可欠である。それが中露がアフガニスタンを実効支配するタリバン政権を支持する理由の一つである。また経済制裁下でドル決済ができないアフガニスタンにとっても中露が主導するドルに替わる国際決済通貨圏への参加は魅力である。とはいえ20年にわたる国際社会の無能な占領行政によって産業構造を破壊されたアフガニスタンには果物、ナッツ類、羊毛ぐらいしか輸出できるものがないため、貿易だけに限れば新通貨圏構想へのアフガニスタンの編入はタリバンにとっても中露にとってもそれほど大きなメリットではない。

⑹ 対ＩＳＫＰ「テロ」包囲網

タリバン政権の価値は、中国、パキスタン、イラン、ウズベキスタン、トルクメニスタン、タジキスタンと国境を接することで、周辺国との交通、貿易の成功がその安定にか

※64　高島康司『ドル覇権は崩壊寸前。中ロ主導の「新国際決済通貨」が新興・途上国を巻き込み金融危機を引き起こす』（ＭＯＮＥＹ ＶＯＩＣＥ２０２２年８月14日）参照。

かっているという地政学的重要性による。そしてユーラシアの安定におけるタリバンの重要性は、周辺国との狭い意味でのエスニック紛争によるものだけではない。

ロシアはISKPのメンバーを含むアフガニスタンのムジャーヒディーンがウクライナに移動するリスクを恐れている。ロシア大統領アフガニスタン特使ザミール・カブロフによると、タリバンが政権を握った時に、約11万人のアフガニスタン人がタジキスタンやウズベキスタンなど中央アジアの隣国に脱出し、多くはアメリカへの渡航許可を待っており、中にはすでにウクライナに移動しロシアと戦っている者もいる。また旧アシュラフ・ガニー政権の兵士が約100機の航空機やヘリコプターを奪ってウズベキスタンやタジキスタンに亡命した。そうしたヘリコプターや飛行機などの武器や、ムジャーヒディーンの反ロシアの義勇兵たちがウクライナに流れないように、周辺国との交渉力を強化するためにタリバン政権を経済的、技術的に支援することで、タリバンの協力を取り付けることがロシアがタリバンを新通貨圏構想に組み込む重要な理由なのである（※65）。

2022年9月にはカブールのロシア大使館がISKPに襲撃されロシア大使館員2名を含む6名が死亡する事件が起きた。この事件はロシアにタリバンの治安維持能力に対する疑念を抱かせることになった。11月16日、ロシアが主催し中国、パキスタン、イラン、インド、カザフスタン、キルギス、タジキスタン、トルクメニスタン、ウズベキスタンの10か国が参加しカタル、ＵＡＥ、サウジ及びトルコもオブザーバー参加した第4回「アフガニスタンに関するモスクワ会合」にはタリバンの代表は招待されなかった。ロシアがタリバンを招待しなかった表向きの理由は「全ての政治・民族集団を包摂した政府」樹立の約束を反故にしたこととされるが、ロシアはタリバンと燃料・食料取引の暫定合意を締結し政治・経済の両面で支援しており、公式な非難は急速に連携を強めているシーア派のイランへのリップサービスであり、真意はＩＳＫＰを征圧しロシアへの脅威をすみやかに取り除くようにとの「懲罰的」圧力と考えられている（※66）。

そして２０２４年3月22日モスクワのロックバンドのコンサート会場をＩＳＫＰのメン

※65　今井佐緒里「中央アジアで影響力を失っていくロシア。制裁でEUへのガス輸出にチャンス到来。カスピ海会議は隙間風？」２０２２年7月5日付『Ｙａｈｏｏニュース』参照。Cf., Dmitry V. Shlapentokh, "Caspian summit and Russia's gas project Putin's goal in Caspian Sea is more economically pragmatic than it is in Ukraine, where he was forced to compromise economic pragmatism for geopolitics", 2022/07/06, *Anadolu Agency Analysis*, "Taliban Eyes Russian Oil Purchases in Moscow Talks", 2022/08/17, *Energy Intelligence*.

※66　青木健太「アフガニスタン：ロシア大使館職員2名を含む複数名が死傷する治安事件が発生」『中東かわら版』No.81（２０２２年9月6日）、青木健太「アフガニスタン：ロシアが国際会議を主催、ターリバーンは招待されず」『中東かわら版』No.１１８（２０２２年11月18日）参照。

バーが襲撃し144名以上が殺害される事件が起きた。アメリカはモスクワのコンサート会場をISKPが襲撃する可能性を事前に摑んでおり、ロシア在住のアメリカ人に警戒を呼び掛け、ロシア治安当局にも通告していた。ロシアはアメリカのこの通告を無視し、プーチンは事件後ウクライナの関与を示唆している（※67）。

襲撃者4人はいずれもタジキスタン人と言われているが、エジプト人の政治アナリストDr.ハニ・ナシラによると、ウクライナ紛争が始まって以来、ISKPのメンバーはシリアから出身国に戻った後、ウズベキスタンやタジキスタンといった北コーカサスや中央アジア諸国に転進しており、米国防総省によるとISKPはタジキスタンとの国境沿いに戦闘員を配置しヨーロッパとアジアで攻撃を実行する能力を保有している（※68）。

タジキスタンは反タリバン運動「国民抵抗戦線（NRF）」のアムルッラー・サーリフ（旧アシュラフ・ガニー政権副大統領）、アフマド・マスード（旧政権元国防相アフマド・シャー・マスードの息子）を匿っており、まだドウシャンベのアフガニスタン大使館をタリバン政権に引き渡してはいない。しかし2024年2月2日にはウズベキスタンのタシュケントのアフガニスタン大使館が、タリバン政権の鉱物石油大臣の息子のモグフルッラー・シャハブに引き渡され、周辺6か国（イラン、トルクメニスタン、ウズベキスタン、パキスタン、中国、タジキスタン）のうちタジキスタンを除く5か国の大使館がタリバン政権のものとなった(※69)。そしてその直後にタジキスタンでもタリバン政権の高官がドウシャンベを訪れ、ホログ市のアフガニスタン領事館はタリバンに引き渡され、ドウシャンベの大使館もタリバンへの引き渡しが検討されていると報じられている(※70)。

英国のキングス・カレッジ・ロンドンのペーター・ノイマン教授はＩＳＫＰには西側諸国で大規模なテロ攻撃を実行できる能力があると述べており(※71)、ＩＳＫＰの脅威は今やアフガニスタン周辺国、ロシア、ウクライナを超えて、欧米にも広まっている。

「第Ⅲ部第2章(1)アフガニスタンのイスラーム化」の中で説明する通り、「ホラサン」と

※67　長谷川良「『殉教』を避け逃走するテロリスト：ロシアのテロ事件の死者は１４０人に」２０２４年03月29日付『アゴラ』参照。タジキスタンとＩＳＫＰとロシアの関係についてはTemur Umarov, "Moscow Terror Attack Spotlights Russia-Tajikistan Ties", *CARNEGIE Politika* (2024/03/28) が詳しい。

※68　タレク・アリ・アフマド「ロシアがダーイシュ過激派に狙われる理由」『Arab News Japan』２０２４年3月24日付（https://arab.news/53kmz）参照。

※69　C.f., "Diplomat appointed by Taliban becomes chief of Afghan embassy in Tashkent", *The Tashkent Times*, 2024/02/05.

※70　C.f., Hamza Boltaev, "Tajikistan and the Taliban-led Afghanistan. Pragmatism over arrogance", *Institute for Advanced International Studies*, 2024/02/06."Diplomat appointed by Taliban becomes chief of Afghan embassy in Tashkent", *Tashkent Time* , 2024/04/02.

※71　長谷川「『殉教』を避け逃走するテロリスト」２０２４年03月29日付『アゴラ』。

はアフガニスタンだけではなく「イランから中央アジア」まで広まる領域であり、ISKPの管轄領域はアフガニスタン周辺国にまたがっている。タジク人はタジキスタンとアフガニスタンのタジク人居住地域を行き来している。既に述べたようにISKPの行動を抑えるには、タリバン政権と周辺国の治安協力が不可欠である。そしてロシアのコンサート会場の襲撃者が全員タジキスタン国籍であったことから、ロシア、欧米からのISKP対策の圧力もあり、これまでアフガニスタン国内のタジク人の反タリバン勢力（NRF）を支援してきたタジキスタンもISKPのタジキスタン人のアフガニスタンへの逃亡を防ぐために、他の周辺国と同じようにタリバン政権との協力にかじを切る決断を迫られることが予想される。

(7) タリバンと日本

米軍産学複合体とアフガニスタン政府の共犯関係により、西欧ではタリバンを悪役に仕立て上げるために、彼らがあたかも自分たちに敵対する者は問答無用で虐殺する、残忍な狂信者であるかのように描く言説が流布しているが、戦闘は最終手段であり、できる限り交渉による解決をはかってきたのは、タリバン結成当時からの原則である。高橋博史も結成当時のタリバンについて「タリバーンの戦闘方法はねばり強く投降を呼びかけ、やむを得ざる場合に攻撃を行うという形がとられている」と述べている（※72）。

高橋は2016年の時点でも在アフガニスタン日本国大使職からの帰朝報告でタリバンについて以下のように述べている。

もう一つの大きな問題は、部族主義の結果、汚職と腐敗が蔓延する社会になったことである。私の知っている1970年代のアフガニスタンには賄賂などはなかった。賄賂や汚職が増加したのは2002年頃からではないかと思う。腐敗の進行具合はすさまじい。タリバンが民衆の支持を得る最大の理由は、彼らは腐敗していないことにある。例えば、地方で交通事故を起こした場合、警察の判断は、賄賂できまる。他方、タリバンは事情を聞いた後、シャリーア（啓典クルアーンと預言者ムハンマドの言行録ハディースの教え）に沿って判断する。また、彼らはお金を要求するわけ

※72　高橋博史「新たな紛争の構図　新勢力「タリバーン」の台頭：1995年のアフガニスタン」『アジア動向年報1996年版』598頁(https://core.ac.uk/download/pdf/288457654.pdf)。

中村哲医師

ではない。国民が、どちらを支持するかは明白である。—中略—テロのない国家を目指すには、和解が第一の段階となるが、そのためには腐敗を一掃する必要がある。民心が反政府のタリバンを支持するのは、コーランに基づき裁定を行うタリバンに腐敗がないからだ（※73）。

　こうしたタリバンの本当の姿は、米軍産学複合体、（旧）アフガニスタン政府、国際機関、人権団体のような利害関係者などの党派的な発言や、現地語も現地事情も知らないジャーナリストのにわか仕込みの聞きかじりの断片的な情報の垂れ流しによってはうかがい知ることができず、それには先行研究の渉猟、長期的な観察と総合的、客観的な分析が必要である。

　しかし、我々は幸いなことにアフガニスタン社会を知悉《ちしつ》した高橋博史と故中村哲の証言を日本語で読むことができる。高橋博史はダリー語を学びカブール大学を卒業し、タリバン政権の初期（1996－1998年）に国際連合アフガニスタン特別ミッション政務官としてアフガニスタンに滞在していた。さらに暫定政権期（２００２年）に国連アフガニスタン支援ミッション首席政治顧問を、カルザイ政権からガニー政権への移行期にアフガニスタン大使を歴任したという経歴の持ち主である。また、ペシャワール会（※74）で１９９１年2月にアフガニスタンのナンガルハル州にダラエヌール診療所を開設して以来、２０１９年にナンガルハル州で銃撃され殉職するまで、30年近くアフガニスタンの民衆の間で暮らし、長年にわたってタリバンとも日常的に接触していた中村哲医師は２００１年に以下のように述べている。

北部同盟の動きばかりが報道されて、西側が嫌うタリバン政権下の市民の状況が正確に伝わらない。日本メディアは欧米メディアに頼りすぎているのではないか。北部同盟はカブールでタリバン以前に乱暴狼藉を働いたのに、今は正式の政権のよ

※73　高橋博史「最近のアフガニスタン情勢」中東調査会「中東情勢講演会」２０１６年12月13日（https://www.meij.or.jp/event/2016_12.html）。

※74　パキスタンでの医療活動に取り組んでいた医師の中村哲を支援するために１９８３年に結成された非政府組織。農業事業にも取り組んでいる（http://www.peshawar-pms.com/）。

うに扱われている。彼らが自由や民主主義と言うのは、普通のアフガン市民から見るとちゃんちゃらおかしい。カブールの市民は今、米軍の空爆で20人、30人が死んでも驚きません。以前、北部同盟が居座っている間に、内ゲバで市民が1万5000人も死にましたから。

今もてはやされている北部同盟の故マスード将軍はハザラという一民族の居住区に、大砲や機関銃を雨あられと撃ち込んで犠牲者を出した。カブールの住民の多くは旱魃で農村から逃げてきた難民。22年の内戦で疲れ切っていて、「もう争いごとは嫌だ」と思っている。逆に言うと、厭戦気分が今のタリバン支配の根っ子にあると思います。各地域の長老会が話し合ったうえでタリバンを受け入れた。人々を力で抑えられるほどタリバンは強くありません。旧ソ連が10万人も投入して支配できなかった地域です。一方で市民は北部同盟は受け入れないでしょう。市民は武器輸送などでタリバンに協力しています。北部同盟に対しては、昔の悪い印象が非常に強いですから。

タリバンは訳が分からない狂信的集団のように言われますが、我々がアフガン国内に入ってみると全然違う。恐怖政治も言論統制もしていない。田舎を基盤とする政権で、いろいろな布告も今まであった慣習を明文化したという感じ。少なくとも農民・貧民層にはほとんど違和感はないようです。

例えば、女性が学校に行けないという点。女性に学問はいらない、という考えが基調ではあるものの、日本も少し前までそうだったのと同じです。ただ、女性の患者を診るために、女医や助産婦は必要。カブールにいる我々の47人のスタッフのうち女性は12〜13人います。当然、彼女たちは学校教育を受けています。

タリバンは当初過激なお触れを出しましたが、今は少しずつ緩くなっている状態です。例えば、女性が通っている「隠れ学校」。表向きは取り締まるふりをしつつ、実際は黙認している。これも日本では全く知られていない。

我々の活動については、タリバンは圧力を加えるどころか、むしろ守ってくれる。例えば井戸を掘る際、現地で意図が通じない人がいると、タリバンが間に入って安全を確保してくれているんです（※75）。

※75　中村哲「タリバンの恐怖政治は虚、真の支援を」『日経ビジネス』2001年10月22日号（https://business.nikkei.com/atcl/seminar/19/00059/120400219/）。

同志社大学アフガン和平会議での筆者（左端）とカーリー・ディーンムハンマド師（中央）

タリバンの現状については、2014年から2020年までアフガニスタンで国連アフガニスタン支援団（UNAMA）の代表を約4年にわたって務め、タリバンと協議を繰り返してきた山本忠通も以下のように述べ、タリバンを批判するばかりではなく国民が安心できるような政治と行政を行うよう促していくことを提言している。

タリバンは大きな組織で、軍事部門と政治部門を持っている。教育や保健など行政分野ごとの委員会もある。政治部門の指導者は国際情勢を把握し、英語の堪能な者も少なくない。タリバンのウェブサイトで発表される声明や主張は極めて論理的で洗練されている。イスラム関連だけではなく、古今東西の文献を引用することもある。知的レベルは高く、国際社会とどのように付き合えば良いのか理解している。

彼らは今、「外交官の安全を保障する」「復讐しないから安心してほしい」「行政官が必要だから国に残って欲しい」「アフガン人の皆を代表する（inclusive）政府をつくる」と訴えている。彼らは、周囲の懸念を理解している（※76）。

タリバンが対話に開かれていることに関して、各国政府だけでなく、大学や研究機関などでさえこれまで重大な過ちを犯してきた。タリバンはカルザイ政権、ガニー政権をアメリカの傀儡政権として一貫して対話を拒否してきた。しかし同志社大学は2012年、当時国連からテロ組織として数々の制裁を被っていたタリバン（アフガニスタン・イスラーム首長国）の政治局（外務省）の公式代表ディーン・ムハンマド・ハニーフ師を世界で初めてア

※76　「論理的、洗練された一面も　タリバンを熟知する日本人が見るアフガニスタンのこれから」『The Asahi Shinbun Globe+』2021年8月19日（https://globe.asahi.com/article/14420464）。メディアの中にもタリバンのカブール入城10日を経て、これまでの反タリバン・プロパガンダを疑い、アフガニスタン社会とタリバンの実態を知ろうとする動きが現れている。たとえば、今井佐緒里「タリバンはなぜ首都を奪還できたのか？　多くのアフガン人に「違和感なく」支持される現実」『ニューズウィーク日本版』2021年8月26日（https://www.newsweekjapan.jp/imai/2021/08/post-10.php）参照。

フガニスタン和平をめぐる学術会議に招聘し、内外のメディアにその公式な見解と立場を自ら明らかにする機会を与えた。それはアフガニスタン国内も含めて、タリバンの公式代表が公開の場に姿を現しカルザイ政権の代表と世界で初めて同席した画期的事件であった。

◉ディーン・ムハンマド・ハニーフ経済大臣からの日本へのメッセージ

そしてそのディーン・ムハンマド・ハニーフ師は、アフガニスタン・イスラーム首長国の暫定政権の暫定経済大臣に任命された。本書の執筆にあたりディーン・ムハンマド師に、日本国民に向けたメッセージをいただけないかと打診したところ、快諾された。以下が英語本文とその試訳である。

アフガニスタン・イスラーム首長国
事務局長
慈悲あまねく慈愛深いアッラーの御名において

カーリー・ディーンムハンマド師

Islamic Emirate of Afghanistan
Ministry of Economy

Chief of Staff Office

وزارت اقتصاد
MINISTRY OF ECONOMY

امارت اسلامی افغانستان

In the name of Allah, the Most Merciful, the Most Compassionate

7.Aug.2022

Dear Government and People of Japan

Ten years ago, on June 27, 2012, we were in Japan as the first official representatives of the Islamic Emirate of Afghanistan in the world to be invited to an academic conference at Doshisha University, giving us the opportunity to make our position and thoughts on reconciliation in Afghanistan and international peace clear to the world media. I am pleased to address my sincere gratitude to Japanese nation and its government for this in my capacity as Interim Minister of Economy of the Emirate for this opportunity.

Now that the foreign troops who occupied Afghanistan have withdrawn, there is true peace and order in Afghanistan, and all those who served the foreign occupation in the last 20 years, many of them are now working with us to help nation building of Afghanistan as a truly independent country.

Japan has not only given our Emirati representatives the opportunity to speak in the world's sunshine for the first time. Unlike Western countries, Japan did not send its troops to violate Afghanistan's sovereignty and treat it like a colony We, the Afghan people, will never forget the aid provided by Japan for the development of Afghanistan's medical care, sanitation, and industry as a major donor country for reconstruction. We appreciate not only Japanesse government, but also the late Dr. Tetsu Nakamura and the Peshawar Kai(Association), who respected our Afghan Islamic culture and risked their lives to help us develop a sustainable agricultural infrastructure. Many Japanese universities, such as Doshisha University, have accepted students from Afghanistan, some of whom have returned to Afghanistan to help build a new country.

We, the people of Afghanistan, now share freedom and security after 20 years of occupation, the occupiers have continued to unjustly freeze our foreign assets, obstruct free trade, and cause us suffering. Furthermore, a major earthquake in June 2022 further aggravated the situation in a country in economic crisis. We also sincerely wish to provide our beloved sisters, who are the future of our country, with an adequate education. But unfortunately, due to the 20-year occupation by foreign forces, we have not been able to train teachers, prepare teaching materials, and build schools in accordance with Islamic teachings and Afghan culture and customs in time, in addition to the aforementioned current financial crisis.

We hope that the Japanese government and people, will see firsthand the reality of our homeland, Afghanistan has suffered from warfare for more than 40 years. Our country is located at the geopolitical crossroads of Eurasia, where the interests of China, Iran, Central Asian countries, Russia, India, Pakistan, and others are intertwined. Our country has taken a new step forward as an independent country that desires world peace. We believe that Japan will show the same generosity to us as before in providing humanitarian aid and reconstruction assistance in accordance with the realities of our homeland and in promoting friendly relations so that we can contribute to a true world peace based on justice.

May Almighty Allah protect the nation and people of Japan and prepare the way for us to live happily together.

Qari Deen Muhammad Haneef

Interim Minister of Economy
Islamic Emirate of Afghanistan

امارت اسلامی افغانستان
وزارت اقتصاد
MINISTRY OF ECONOMY
ریاست دفتر مقام
سال : ۱۴۴۳ هـ.ق

Address: Muhammad Jan khan Wat Malik Asghar
Square in Front of Ministry of Foreign Affairs
Kabul Afghanistan
Website: www.moec.gov.af

آدرس: چهارراهی ملک اصغر مقابل وزارت امور خارجه
کابل افغانستان
ویب سایت: www.moec.gov.af

2022年8月7日

親愛なる日本政府、国民各位

10年前の2012年6月27日、我々はアフガニスタン・イスラーム首長国の公式代表として世界で初めて同志社大学での学術会議に招かれ、アフガニスタンの和解と国際平和に関する我々の立場と考えを世界のメディアに対して明らかにする機会を得て、日本に滞在していました。そのような機会を与えてくださった日本の国家と政府に、首長国の暫定経済大臣としての立場から、心から感謝の意を表したいと思います。

アフガニスタンを占領していた外国軍が撤退した今、アフガニスタンには真の平和と秩序がおとずれ、20年にわたって外国の占領に奉仕していた者たちもその多くが、真の独立国としてのアフガニスタンの国づくりに私たちと協力して取り組んでいます。

日本は、私たち首長国の代表が日の当たる場所で世界で初めて発言する機会を与えてくれただけではありません。日本は欧米諸国とは異なり、アフガニスタンの主権を侵害し、植民地のように扱い、国民を殺傷するために軍隊を派遣することはありませんでした。私たちアフガニスタンの民は、日本がアフガニスタンに対して軍事力を行使せず、復興のための主要な支援国として、アフガニスタンの医療、衛生、産業の発展のために多額の援助を行ってくださったことを決して忘れることはありません。日本政府だけではありません。私たちアフガニスタンのイスラーム文化を尊重し、持続可能な農業基盤の整備に命がけで取り組んでくださった故中村哲先生やペシャワール会にも感謝しています。また同志社大学をはじめ、多くの日本の大学がアフガニスタンからの留学生を受け入れ、その中にはアフガニスタンに帰国して新しい国づくりに貢献している学生もいます。

20年の外国軍の占領の後、私たちアフガニスタンの人々はみな、現在、自由と安全を享受しています。しかし占領者たちは今なお不当に私たちの外国資産を凍結し、自由貿易を阻害し、私たちに苦しみを与え続けています。さらに、2022年6月に発生した大地震は、経済危機にある我が国の状況をさらに悪化させました。また私たちは国の未来を担う愛する姉妹たちに、十分な教育を施したいと心から願っています。しかし遺憾ながら、既に述べた現在の経済危機に加えて、20年にわたって外国軍によって占領されていたために、イスラームの教えとアフガニスタンの文化や習慣に沿った教師の育成や教材の準備、学校の建設が間に合っていないのが現状です。

欧米メディアの偏向報道を通してではなく、日本の政府と国民の皆さまが、故中村先生のように、私たちの祖国の現実を直接自分たちの日で見に来てくださることを私たちは期待しています。アフガニスタンは、40年以上にわたって戦火に苦しんできました。わが国は、中国、イラン、中央アジア諸国、ロシア、インド、パキスタンなどの利害が絡み合うユーラシア大陸の地政学的十字路に位置しています。我が国は、世界平和を希求する独立国として新たな一歩を踏み出しました。我が国が、正義に基づく真の世界平和に貢献できるよう、日本が我が国の実情に応じた人道的支援や復興支援、友好関係の増進に、これまでと同様の寛大さを示してくれるものと信じております。

全能のアッラーが、日本とその国民を守られ、コロナ禍とロシアのウクライナ侵略による世界の分断の危機の中で、我々が共に幸福に暮らせる道を用意して下さいますように。

カーリー・ディーン・ムハンマド・ハニーフ
イスラーム首長国暫定経済大臣　　署名　公印

所在地：ムハンマド・ジャン・ハン・ワト・マリク・アスガル
外務省前広場
アフガニスタン　カブール
Website: www.moec.gov.af

日本は20年にわたってアメリカ主導のアフガニスタンの占領行政、傀儡政権の支援に主要ドナー国として深くコミットしてきた。にもかかわらず、日本の支援が欧米諸国と一線を画してきたことは、タリバン指導部からも評価されている。東欧（ウクライナ）と東アジア（台湾、琉球、朝鮮半島、北海道）で、アメリカと中露が厳しく対立し世界の分断が進む中で、ユーラシアの地政学上の要衝であり「文明の活断層線」上に位置する「帝国の墓場」アフガニスタンの重要性はこれからますます高まっていく。そしてタリバンは「国際社会」との共存の意思を有し、そのための対話を求めている。そしてハニーフ師の書簡からも明らかなように、日本に大きな期待を抱いている。世界の未来は我々の双肩にかかっている。

第Ⅲ部

文明の再編と帝国の復興とタリバン

［第1章］

領域国民国家システムの成立と現状

(1) ウェストファリア体制の成立と帝国主義

現代世界の原型はアジア・アフリカの殆どを西欧列強が植民地化した19世紀にできあがった。しかし19世紀が西欧の世紀であったことを理解するためにはまず17世紀の世界を理解しなければならない。なぜなら（1648年のウェストファリア条約によって）現代世界の原型となる主権国家システム（ウェストファリア体制）とそれを理論的に裏付ける西欧国際法が17世紀に成立したからである（※77）。宗教改革、市民革命、科学革命、産業革命を経た西欧の主権国家体制が西欧帝国主義列強による世界の植民地化に伴い地球全体を覆い尽くすに至ったのが「西欧の世紀」である19世紀に他ならない。

しかし17世紀にはまだ西欧は一地方文明でしかなかった。それどころか、1683年には西欧の理念的な中心とも言える神聖ローマ帝国でさえ首都ウィーンがオスマン帝国によって包囲される事態に陥っている。

オスマン帝国と西欧との関係が逆転するのは1699年のカルロヴィッツ条約以降である。17世紀は、イスラーム世界は、中東地中海のオスマン帝国、イランのシーア派サファヴィー朝、インドのムガル帝国の3大帝国が鼎立する全盛期であって、ロマノフ朝ロシア帝国、大清帝国が成立したのもこの時期である。しかしオスマン帝国はカルロヴィッツ条約でハンガリーやトランシルヴァニアなどのヨーロッパの領土を失って以後、ヨーロッパ、北アフリカの領土を次々に失っていく。イランのサファヴィー朝とその継承国家カージャール朝はピョートル大帝（1725年没）の治世下でいちはやく西欧化・近代化に成功したロシアによって領土を奪われて弱体化し、ムガル帝国は1858年にイギリスによって滅され1877年には英領インドとして名実ともに植民地化されてしまう。

アジアの大清帝国もまた1840－2年の阿片戦争の敗北後、徐々に半植民地化されて

※77　国際法の父と言われるグロティウス（1645年没）の『戦争と平和の法』が書かれたのが1625年である。

いく。日本に黒船が来航し（1853年）、不平等条約の締結を余儀なくされ（1858年安政五か国［英米仏露蘭］条約）、植民地化の危機に直面した日本が革命（1868年明治維新）によって開国し、脱亜入欧、富国強兵に舵を切るのもこの時期である。

現在起きている帝国の復興と文明の再編は、19世紀に西欧帝国主義列強によって押し付けられた西欧的政治秩序を、名目的に神聖ローマ帝国とローマ教皇を中心としウェストファリア体制で統合された西欧、オスマン帝国（トルコ）、サファヴィー朝ペルシャ帝国（イラン）、ムガル帝国（インド）、大清帝国（中国）が並立していた17世紀をモデルに現代に適した形で再生することを目指すものと言うことができる。

(2) 第二次世界大戦後の領域国民国家システムの変質

1648年のウェストファリア条約に起源を有する領域国民国家システムは「自（西欧）」と「他（非西欧）」の認識論的切断（エドワード・サイード『オリエンタリズム』）に基づく本質的に差別的なシステムである。それは白人と非白人の差別という人種差別を基盤とするが（※78）、単純な「人種」差別ではなく、それに西欧文明を最高の文明とみなす「文化差別」を組み合わせたものである。

比較文明学者の加藤隆が明らかにした通り、西欧文明は支配するエリートと支配される大衆の社会の二層構造を特徴とする（加藤隆『武器としての社会類型論』講談社現代新書2012年参照）。現行の領域国民国家システムの基本構造は、国家レベルにおいては欧米先進国では白人を中心とする文化エリートが白人の大衆を支配し、国際社会では西欧先進国が非西欧後進国を支配するという西欧の社会構造を国際社会に拡張したものである。しかし20世紀後半の植民地が消滅してからのポストコロニアル期には、あからさまな人種差別が表面上姿を消した替わりに文化的な差別が構造的に組み込まれることになる。

領域国民国家システムの基本的な機能は、現在も貧しい非西欧後進国の住人を西欧に入れず資源を吸い上げ工業生産物の市場として搾取するアパルトヘイトである。しかし20世

※78　エマニュエル・トッドも特にアメリカについて《アメリカにおける「平等」という思想は、あくまで「白人における平等」であり、「家族構造に由来するもの」というより、「人種主義に由来するもの」なのです》と喝破している。（エマニュエル・トッド『第三次世界大戦はもう始まっている』（文春新書２０２２年１２２頁）

またトッドは２０２４年の時点では現在欧米で起こっていることを寡頭制の「封建主義」と呼び、現在の寡頭制封建主義は「モノ」だけではなく「ヒト」までが買えるという段階を超え、「裁判や司法制度における不平等が経済主体となりうるシステムが完成した段階」に至っていると述べている。（『人類の終着点　戦争、AI、ヒューマニティの未来』（集英社オンライン２０２４年3月27日）

紀になると新しい機能が加わった。人材の搾取である。西欧列強は植民地経営のための現地人官僚育成のために、宗主国の言葉と西欧文化の教養を教え込み、更にその中のエリートを選抜して宗主国に留学させた。当時にあっては留学の主目的は、現地人留学生たちが帰国して現地で宗主国の意を体して宗主国から派遣された西欧人の主人たちを助けて植民地を治めることであった。

20世紀後半になって旧植民地が独立した時に、旧宗主国に替わって領域国民国家システムを引き継いだのはこうした旧宗主国によって西欧文化を教え込まれた現地エリートであった。ポストコロニアル期に生じた構造的変化とは、欧米先進諸国による最も重要な搾取が「天然資源の搾取」と（製品市場化による）「カネの搾取」から「人材の搾取」に替わったことである。初期の人材の搾取は、第二次世界大戦で焦土と化した西欧の再建のために行われた戦争で失った若年労働者の安価な非西欧諸国の人材による補充であった。研修生制度にみられるように日本は未だにこの段階にあるが、欧米、特にアメリカでは20世紀末から21世紀になって重要な変化が生じた。IT人材を中心とした中国やインドなどの非西欧諸国出身（非白人）の超エリートの登用である。アメリカのイノベーションは今や彼らによって支えられていると言っても過言ではない。

纏めると、20世紀後半の領域国民国家システムは、⑴国際的には白人欧米諸国とその忠実な非白人（名誉白人）属国日本（G7：白人欧米先進国＋日本）がシステムのルールを決めて支配し、⑵白人欧米諸国内部においては白人エリートと白人エリートの文化を内面化した非白人移民超エリートが支配階層を構成し、白人大衆及びその補充のために呼び寄せられた非白人非熟練労働者移民が被支配者を構成していた。そして領域国民国家を空間的に分離する国境は、非白人を非（白人）欧米諸国に隔離しつつ、非（白人）欧米諸国にとって有用な人材だけを沪過して通す浸透膜として機能した。

そして欧米（白人）諸国の覇権の弱体化、非西欧（白人）諸国の台頭、人口増加、貧富の格差の拡大などによって、領域国民国家システムが破綻しつつあるのが、現在起きつつある帝国の復興と文明の再編状況なのである。

⑶　文明の再編の21世紀と冷戦思考からの脱却

1996年にアメリカの国際政治学者サミュエル・P・ハンチントンは『文明の衝突（*The Clash of Civilizations and the Remaking of World Order*）』を著し、冷戦後の現代世界において

サミュエル・P・ハンチントン

は文明と文明との衝突が対立の主要軸となり、文明間の断層線（フォルトライン）での紛争が激化すると指摘し、西欧文明と対立する可能性が最も高いのは中華文明とイスラーム文明であると予言した。ハンチントンは慧眼であり、文明の再編の時代を正しく言い当てていた。しかしハンチントンは国際政治学者の限界として、文明の理解が平板であったため、文明の衝突の本当の意味を捉え損ねていた。文明の衝突とその再編の現状の実態を正しく理解するためには、文明理解の再考による冷戦思考からの脱却が必要になる。

　冷戦思考とはアメリカに代表される「資本主義・自由民主主義」とソ連に代表される「共産主義・民主集中制」が存在論的に対立する異質な価値観、政治制度である、との前提、先入観である。しかしマルクス主義（科学的社会主義）は純粋に西欧の産物に他ならない。そして19世紀の西欧帝国主義列強の植民地支配に対抗して、諸帝国（オスマン帝国（トルコ）、カージャール朝（イラン）、ロマノフ朝（ロシア）、清朝（中国）、大日本帝国が西欧化による近代化（富国強兵・殖産興業）を目指した中で、当時の西欧の最新の社会科学であったマルクス主義による帝国の再興に成功したのがソビエト連邦と中華人民共和国だったのである。資本主義、自由民主主義、共産主義、民主集中制は全て同じ西欧文明の違った表現型でしかなく、相違は表面的なものであって本質的な違いはない。

　西欧の社会思想のマトリクスは神の代理人である聖職者が平信徒の大衆を支配する「人による人の支配」（加藤隆）とキリスト教徒（とユダヤ教徒）以外の全ての異教徒と異端を殲滅した「全体主義」である（※79）。「自由」も「民主」もどちらも、たまたま当時の西欧の既成秩序に不満があった人間が「自分の好みに合う秩序を自分と同じ価値観を共有する者だけによって決めること」を「自由」、「民主」と呼び、自分と価値観を異にする者による不快な支配を「専制」と呼んだだけであり、「自由主義－全体主義」も「民主主義－独裁

※79　ガザ侵攻について、戦争犯罪と人道に対する罪で国際刑事裁判所の検察官から逮捕状を請求されたイスラエルのネタニエフ首相が２０２４年5月30日フランスのテレビニュースに出演し、パレスチナ人虐殺を「野蛮に対するユダヤ・キリスト教文明の勝利、フランスの勝利」と述べたことは、そのことを証明する最もグロテスクな事象である。

Hemmi Tatsuo『ユダヤ・キリスト教文明』：ベニヤミン・ネタニヤフ首相の歴史的嘘」２０２４年6月1日12付『Note』(https://note.com/camomille0206/n/n455f93753270?sub_rt=share_b)、

Edwy Plenel, “« Civilisation judéo-chrétienne » : le mensonge historique de Benyamin Nétanyahou”, 31 mai 2024 à 19h45, *Mardi 4 juin*参照。

／専制主義」も程度の差でしかなく、時代時代によって変わる恣意的、ご都合主義的に使い分けられる無内容な言葉である。欧米の言う「自由民主主義」とは、「自分たちと同じことを考える者だけの間」で「許されると決めたこと」だけを「自由」と呼び、それをすべての人間に押し付け、それ以外のことを禁ずる寡頭制の全体主義に過ぎない。

それゆえ冷戦思考で、欧米とロシアや中国、あるいはイラン、タリバン、トルコなどとの対立を「自由と全体主義の戦い」あるいは「民主主義と専制の戦い」と考えてはならない。どの人間にも、どの集団にも、どの民族にも、どの国家にも、それぞれの「自由」があり、それぞれの「民主」があり、それは互いに理解できる場合もあり、理解できない場合もあり、理解はできても納得できない場合もあり、納得できなくても妥協はできる場合もあり、どうしても妥協できない場合もある、というだけのことでしかない。

平等な自律的個人の自由で民主的な話し合いによって理性に導かれ予定調和的に絶対平和がもたらされるとの幻想に縋ることなく、理解も共感もできない他者との困難な共存の道を模索するには、徹底したリアリズムに基づく「客観的」で冷静な認識が求められている。

我々は欧米の「自由」、「人権」、「民主主義」のような虚構に幻惑されることなく、それ

2024年7月29日、東京で行われたQUAD4閣僚会合に出席したアントニー・ブリンケン米国務長官、オーストラリアのペニー・ウォン外務大臣、上川陽子外務大臣、インドのスブラマニヤム・ジャイシャンカール外務大臣（右から順に）

ぞれのよって立つ文明的原理を見極め、共存の道を探さなければならない。もはや「名誉白人」扱いされて舞い上がっている時代ではない。経済大国となった日本はアジアではエコノミックアニマルと呼ばれて軽蔑されていたが、欧米でも働き蟻などと呼ばれ得体の知れない不気味な脅威とみなされていた。1990年には米連邦議会で「日本の経済的挑戦」についての公聴会が開かれ「日本は狭い利己的な経済的利益以外には外交思想や国としての目的をもっていない」と報告されている。

　前節で述べた通り、20世紀後半の領域国民国家システムは、白人欧米諸国とその忠実な非白人（名誉白人）属国（G7：白人欧米先進国＋日本）がシステムのルールを決め支配し、白人欧米諸国内部においては白人エリートと白人エリートの文化を内面化した非白人移民超エリートが支配階層を構成する。「同じ自由民主主義の価値を共有する同志」などの甘言に惑わされ、利用されてはならないのである。

一つだけ例を挙げるなら、中国の一帯一路を妨害するためだけの日本とインドとアメリカとオーストラリアとの野合の呉越同舟の泥船QUAD（日米豪印戦略対話）である。いかにも白人エリートの文化を内面化した属国の非白人エリート官僚が描きそうな絵空事の机上の空論である。中華文明の周辺文明の日本と、インド文明の中核国家インドと、西欧の植民地国家アメリカ、オーストラリアが同志でなどあるはずがない。インドはアメリカが呼びかけたロシアへの経済制裁に同調せず、ロシアからの原油輸入を2021年の日量9万バレル（輸入の2％）から2022年4月に日量39万バレル（同8％）に増やしたのみならず、9月にはアメリカの懸念表明にもかかわらずロシアでの軍事演習にまで参加している。

敵同士が短期的利害関係で手を組み、それを外交辞令の美辞麗句で糊塗するのは外交の常態であり、取り立てて騒ぐようなことではないが、政治家が口にし、大衆が信ずるのはともかく、「知識人」、ましてや国際政治の研究者、分析官が真に受けていては仕方がない。

特に新型コロナ禍が、欧米人の間に伏流としてあり間歇的に噴出する黄禍論をグローバルに顕在化させた今日、冷戦時代のように日米同盟をナイーブに語ることは時代錯誤でしかない。

アメリカの覇権から抜け出しつつあるのは中国、ロシア、トルコ、イランだけではない。先行きは不透明であるが、私見では、かつて東欧と西欧に分かれたヨーロッパは現在、西欧が文明的に旧神聖ローマ帝国（カロリング朝フランク王国）の旧領を中心とする旧いヨーロッパ（EU）とイギリスの旧植民地アングロスフィア（英語圏）に分裂するか否かの瀬戸際にあり、EUがアングロスフィアから、中東中央アジア・イスラーム文明、ロシア東欧文明、中華文明とのユーラシア同盟に同盟関係を乗り換える可能性もある。

(4) 大国の復興と文明の再編

19世紀は西欧列強による世界の植民地化の時代、20世紀は2度にわたる世界大戦による西欧の破産とその破産管財人である米ソによる残務処理の時代であった。21世紀は、西欧の覇権の下にあった中国文明、ロシア文明、インド文明、イスラーム文明の再興による文明の再編の時代となる。

シルクロード経済圏の覇者を目指す中国の一帯一路構想、ロシアのウクライナ内戦、クリミア危機への介入は、「大陸国家」中国とロシアが文明の再編の主役であることを示している。しかし影の主役は地政学的にアフロ・ユーラシアの中心部に位置するイスラーム世界（ダール・イスラーム）である。イスラームは、西欧の世界支配の枠組「領域国民国家システム」自体を揺るがす可能性を秘めている。

実は「帝国の復興と文明の再編」は私の創見ではなく既に1957年に梅棹忠夫（元国立民族学博物館館長、日本中東学会会長）が指摘している。古代以来西欧と日本を除く旧世界には中国世界、インド世界、ロシア世界、地中海・イスラーム世界、という4つの自己完結的な単位があり、近世になってそれが清帝国、ムガル帝国、ロシア帝国、トルコ帝国においてその構造が完成したとし、「植民地主義者のつごうからつくられた」「たいして根拠のあるものではない」「こまかな国境わり」を超えて「おのおのの『世界』の再建」の過程にある、と梅棹は述べている。

そして拙著『イスラームのロジック』（講談社2001年）において《「ロシア・ブロックがまず、革命による厚生策に成功する。中国、インドも着々と効果をおさめつつある。四つのうち、いちばん事態がおくれているのが、地中海・イスラム世界である」との梅棹の現状分析から30年（梅棹忠夫『文明の生態史観』中公文庫1967年）以上が経った今、イスラーム世界は未だに分裂を続けている。》と書いてから更に20年を経て、やっとイスラーム世界にも帝国の復権の動きが顕在化しつつあるのが現状なのである。

［第2章］文明史、地政学上のタリバン

(1) アフガニスタンのイスラーム化

繰り返しになるが、「タリバン」とは語義的に「学究」を意味し、アラビア語起源の「マドラサ」などと呼ばれるイスラーム学校で学ぶイスラーム「神学生」を指す。アフガニスタンを含む現代の南アジア、インド・イスラーム文明圏では、このイスラーム学校はデオバンディー学派、バレルヴィー学派、アフレ・ハディース学派の3系統に大別される。タリバンはこのデオバンディー学派に属する。それゆえタリバンを理解するためにはデオバンディー学派を知らなくてはならない。

しかし文明史、地政学上のタリバンの位置づけ、意義を理解するために、アフガニスタ

ンとその周辺、つまり中央アジアからインド亜大陸北部に存在するタリバンが属するデオバンディー学派以外のイスラームをも知っていなければならない。そこで本節ではまずアフガニスタンのイスラーム化について略述する。

アフガニスタンは青銅器時代からの遺跡もあるような大変歴史の古い国である。アレキサンダー大王のインド遠征は現在のアフガニスタンを通って行われたが、現在の首都のカブールは、その時点では既に存在していた。バラモン教の聖典であるリグ・ヴェーダや、ゾロアスター教の聖典であるアヴェスタに記された「Kubha」がカブールを指しており、その歴史は5千年以上に及ぶとも言われている。

「アフガニスタン」という言葉は、「アフガン」＋「スタン（正しくは「スターン」）」から成るが、「スタン」というのは、「パキスタン」「ウズベキスタン」「タジキスタン」「カザフスタン」「キルギスタン（正しくは「クルグズスタン Kyrgyzstan」）」など、他の国名でも馴染みの語で、「国」という意味で、アフガニスタンとは「アフガンの国」という意味である。

この「アフガン（正しくは「アフガーン」）」というのは民族名あるいは部族名であり、実は、アフガニスタンの主要民族である「パシュトゥーン」と同義である。つまり「アフガニスタン」とは「パシュトゥーン人の国」であり、アフガニスタンという国名が現れるのは後述するようにせいぜい19世紀頃である。パシュトゥーン人は多くの部族に分かれて暮らしており、まとまった「パシュトゥーン人の国」をずっと作っていなかった。「アフガニスタン」と呼ばれるようになるまで、この地域はイスラーム世界では「ホラサン」と呼ばれていた。これは今のアフガニスタンより少し広い概念で、イランから中央アジアの辺りまでを含めた地域が歴史的に「ホラサン」であった。現在のイスラーム国の地域支部（wilāyah Khorāsān）が「イスラーム国ホラサン州（ＩＳＫＰ）」と呼ばれているのも、この古語の用法に則ったものである。

数千年前から現在に至るまで、アフガニスタンは地理的に重要な意味を持っている。アフガニスタン西部のヘラートはウマイヤ朝時代にすでにイスラーム化していたが、カブールを中心とする東部は、キリスト教、仏教、ゾロアスター教、民間信仰などの宗教混淆の多くの民族が割拠する状態にあり、イスラーム化するのは9世紀である。

イスラーム文明と中華文明との接触は古く、「たとえ中国にあっても、知を求めよ」との預言者ムハンマドの言葉が遺されており、中国へのイスラーム伝来は651年の第3代正統カリフ・ウスマーンの使者の唐帝国への派遣によるとも言われている。しかしイスラーム世界と中国文明が正面から衝突したことは一度しかない。それはカブールの辺りを舞台に最盛期の唐とウマイヤ朝を倒して前年に成立したばかりのアッバース朝が751年にぶつかった高校の歴史の教科書でも習うタラス河畔の戦いである。この戦いで唐は大敗し、唐の西進は止まり、中央アジアはイスラーム帝国の勢力圏になり、中央アジアのトルコ（チュルク系）、イラン系諸民族は徐々にイスラーム化していく。アフガニスタンはイスラーム文明の一番東端であり、中華文明の西端である、それゆえ2つの文明のフォルトライン（活断層線）になっているわけである。「タラス河畔の戦い」以来、イスラーム圏と中華文明圏の民族のフォルトラインはずっとこの辺りに位置しており、それ以来アフガニスタンは両文明のフォルトラインであり続けている。

南に目を転ずると、アフガニスタンは、インド文明と外界とのフォルトラインでもあった。古くはアレキサンダー大王が現在のアフガニスタンを拠点にインドに攻め入ったが、アフガニスタンのガズニに起こったガズナ朝（955年－1163年）のマフムード王（在位998－1030年）以来、アフガニスタンからイスラーム諸王朝がインドに侵攻し、北インドのデリーを首都とした奴隷王朝（1206－1290年）を嚆矢とし、ハルジー朝（1290－1320年）、トゥグルク朝（1320－1413年）、サイイド朝（1414－1451年）、ローディー朝（1451－1526年）の5つの王朝が立った。これらをデリー・スルタネットと総称する。そしてローディー朝を滅ぼして、インドのほぼ全土を統一しアフガニスタンからインドにまたがる大帝国の基礎を築いたのが、ティムールの後裔でカブールを根拠に北インドを征服したバーブル（1530年没）である。

既に述べた通り、現在「アフガニスタン」と呼ばれている領域のイスラーム化は、アッバース朝による西部のヘラートから始まり、イスラーム史的にはアフガニスタンは「ホラサン」と呼ばれる地域であった。「ホラサン」とはペルシャ・中央アジア文化圏であり、アフガニスタンのイスラームの基層は、ウマイヤ朝期に遡るペルシャ・中央アジア的イスラームと言うことができる。それに加えてアフガニスタンはインドのイスラーム化の発端となったことから、インド・イスラーム的特徴も有することになる。

(2) ムガル帝国

現在のアフガニスタンの首都カブールを本拠にアフガニスタンからインド亜大陸の大半を支配する大帝国ムガル帝国の基礎をおいたバーブルはパシュトゥーン人ではなくタタール人（モンゴル・トルコ系）であった。そこでアフガニスタンの民族、文化的複雑性を理解

するために、バーブルのムガル帝国の樹立からアフガニスタン首長国建国に至るアフガニスタンの歴史を以下に概観する

バーブルはティムール（1405年没）の後裔としてフェルガナ地方（現在のウズベキスタン東部）の領主の家系に生まれている。ティムールの死後、後継者争いでティムール帝国（1370－1507年）は内紛を繰り返しており、当時はサマルカンド（現在のウズベキスタン東部）とヘラート（現在のアフガニスタン北西部）に分裂し、（チュルク系）ウズベク人が建てたシャイバーニー朝（1428－1599年）によって領土を奪われつつあった。バーブルはティムール朝の内紛に乗じて首都サマルカンドを一時的に領有する（1497年、1500年）が、敗れて西に転じ、1504年にカブールを征服して王となり、1505年には初めて北インドを征服することになる。しかしこの時点のバーブルは中央アジアの覇権を目指しており1508年には「パーディシャー（皇帝）」を名乗りシャイバーニー朝と争い、カブールに戻ってティムール帝国の首都サマルカンドの奪回をはかったが、1511年から1515年のサマルカンド遠征は新興のイランのサファヴィー朝のイスマーイール1世に臣属してその援助を得てまでサマルカンドを奪回したにもかかわらず最終的に失敗する。その後、バーブルはインド征服に向かい、デリー・スルタネットの最後のアフガン系王朝

ローディー朝と争い、1526年にローディー朝を滅ぼし、デリーとアグラを征服し北インドに向かった。バーブルは征服の途上、1530年アグラで死去したが、遺体はその遺言に従ってカブールに運ばれ埋葬されている(※80)。

バーブルの死後、北インドのビハール地方のアフガン系の豪族シェール・シャー(1539-1545)がムガル帝国第二代皇帝フマーユーン(1556年没)に背き、1540年にはデリーとアグラを落としムガル帝国のアフガニスタンからインドにまたがる領土を支配下に収め、スール朝を樹立した。フマーユーンは一時全ての領土を失いイランのサファヴィー朝のタフマースプ1世の許に逃れ、その支援を受けて弟たちとアフガニスタン東部の支配をめぐって争いカブールとカンダハルを奪回する。そしてシェール・シャーの死後、ペルシャ軍の支援を受けたフマーユーンはインドに侵攻し、1555年にスール朝を滅し、ムガル帝国の北インド支配が確立する。

その後、カンダハルは、パシュトゥーン人(アフガン人)のアブダーリー部族連合の武将アフマド・ハーンがカンダハルで自立し、アフガニスタン初のシャー(ペルシャ語で「王」の意味)に推戴されアフマド・シャーとして、「ドゥッラーニー朝」を建国するまで、ムガル帝国とサファヴィー朝の間で争奪が繰り返された。

本節の目的は、アフガニスタンと「物理的にも文化的にも遠い」大半の日本の読者に、多民族が入り乱れて抗争を繰り返したアフガニスタンの文化的複合性を少しでも実感できるものにすることである。現在のタリバン政権の最高指導者ヒバトゥッラー・アフンザーダは首都カブールではなく復権後の今もカンダハルに住んでいる。そのカンダハルは、文化的にもインド的イスラーム、ペルシャ的イスラーム、中央アジア的イスラームの混交であり、エスニックグループとしてもパシュトゥーン系、ペルシャ系、トルコ系、宗派的にもシーア派、スンナ派などが混在しており、それらは互いに対立しているだけでなく、同じエスニック集団、同じ宗派内でも相争う長い歴史を有している。フマーユーンとその兄弟との争いからも、同じ家族であっても、複雑な文化、宗教、政治、経済的要因で時に戦争にも至る対立が常態であるアフガニスタン社会の複雑さをうかがい知ることができる。

既に述べたようにアフガニスタンはアッバース朝の最盛期にイスラーム世界の東端としてイスラーム文明圏に組み込まれ、そのイスラームの基層はホラサン地方のペルシャ的イスラーム文化である。ペルシャ的イスラーム文化の最も顕著な特徴は言語面で、現在のア

※80　バーブルの生涯と業績については、間野英二『バーブル』（山川出版２０１３年）参照。

フガニスタンの公用語の一つダリー語はイランの国語と同じペルシャ語の一方言である。
パシュトー語もインド・ヨーロッパ語族のイラン語派である。文法が難解なパシュトー語と違い簡単なダリー語は、アフガニスタンの諸民族の共通語となっており、ダリー語を通じてアフガニスタンは、中央アジアの広大なペルシャ語文化圏と繋がっているだけでなく、ムガル帝国も宮廷言語はペルシャ語であり、インド的イスラーム圏とも繋がっているのである。現在のアフガニスタンでは、ダリー語母語者はタジク人、ハザラ人、アイマク人を合わせると人口の約40％にのぼっている。

その後、モンゴル高原を故地とする尚武のトルコ（チュルク）系諸民族が流入してくる。特にチンギス・ハンのモンゴル帝国のチャガタイ・ハン国（チャガタイ・ウルス）のモンゴル・トルコ（タタール）文化はアフガニスタンのイスラーム文化に大きな影響を与えている。チャガタイ語で書かれたムガル帝国の創立者バーブルの自伝『バーブル・ナーマ』（全3巻平凡社東洋文庫2014年）はチャガタイ語散文史上最高傑作と言われ、中央アジア、西アジア、南アジアを中心に25以上の言語に翻訳されている。現在のアフガニスタンではウズベク人とトルクメン人がトルコ系で人口の12％ほどを占めている。

この短い節におけるムガル帝国の創立期の記述だけからでも、このような文明史的、地政学的な要衝アフガニスタンの政治を、エスニックグループであれ、宗派であれ単一の要因に還元して説明することの危うさを読者に伝えるには十分であろう。

(3) 近代国家としてのアフガニスタン成立の前史

16世紀には西部のヘラート、南部のカンダハルはイランのサファヴィー朝の勢力圏にあった。しかし18世紀になってサファヴィー朝の衰退が明らかになると、南部のカンダハルでパシュトゥーン（アフガン）人のギルザイ部族連合の一氏族ホータク族の族長ミール・ワイス（1715年没）がサファヴィー朝に反旗を翻して独立し（ホータキー朝：1709－1738年）、その没後息子のマフムードは1722年にサファヴィー朝の首都イスファハーンを征服しイランのシャー（王）を名乗りサファヴィー朝スルタン・フサインを退位させ、1729年までにはイランの大半を支配するに至った。

しかしサファヴィー朝の廃帝フサインの息子のタフマースプ2世を擁立し実権を握ったトルコ系のナーディル・クル（1747年没）が1729年に、ギルザイ部族連合（ホータキー朝）の当時のリーダーだったマフムードを破って、パシュトゥーン人からイスファハーンを取り戻し、１７３６年には自ら皇帝（シャー）を名乗り（ナーディル・シャー）、サファヴィー朝を滅ぼしてイランにアフシャール朝を樹立し、カンダハルのアフガン人政権（ホータキー朝）を滅亡させた。ナーディル・シャーは西ではイラクに侵攻しオスマン帝国と争い、海軍を整備しアラビア半島まで進出し１７４２年にはバハレーン、１７４３年にはオマーンを占領する。東ではカンダハルからガズニ、カブールとアフガニスタン全土を支配し、更にインドに侵攻し、１７３９年にはムガル朝を破って首都デリーを占領する。しかし１７４７年にナーディル・シャーが暗殺されるとアフシャール朝は後継者をめぐる内紛で弱体化し、地方の占領地は次々と離反し、本拠地のホラサンの地方政権に退縮し１７９６年にイランのカージャール朝によって滅ぼされる。

アフガニスタンではナーディル・シャーが暗殺されると、アフシャール朝の武将であったパシュトゥーン人のアブダーリー部族連合の武将アフマド・ハーン・アブダーリーがカンダハルで自立し、ロヤ・ジルガ（パシュトゥーン人諸部族大会議）でアフガニスタン初のシャーに推戴され、アフマド・シャーとして、アラビア語の「真珠（ドゥッル）」に由来し「真珠の治世」を意味する「ドゥッラーニー朝」を建国する。以後、前身であった「アブダーリー部族連合」は「ドゥッラーニー部族連合」と呼ばれるようになる。

アフマド・シャーはカンダハルで独立するとヘラートを征服し1750年にはイランに侵攻しアフシャール朝の首都ニーシャープールを占領した。また1751年からは東征を開始しカブール、ガズニを越えてインドに進出し1957年にはムガル帝国の首都デリーを攻略し、パンジャーブ、スィンド、カシミールの宗主権を認めさせている。これらの業績から、現代のアフガニスタンではドゥッラーニー朝を最初のアフガニスタン国家、アフマド・シャーをアフガニスタンの「国父」とみなしている。

また1759年に清がジュンガル部を完全に制圧するとアフガニスタンは中国と国境を接するようになる。アフマド・シャーは清の皇帝から朝貢を要求され、1763年に4頭の駿馬を乾隆帝（在位：1735－1796）に献上している。中国の西進を止めることになったアッバース朝と唐の751年の「タラス河畔の戦い」以来、現在のアフガニスタンはイスラーム文明の東端、イスラーム文明圏と中華文明圏のフォルトラインとなったことは既に述べた。しかし、清の乾隆帝がジュンガル部を征服するまでは唐時代に「吐蕃」と呼ばれていた中華文明圏の辺境のチベットが緩衝地帯として存在したために、アフガニスタンが中華文明の中核帝国と直接対峙するようになるのは、このドゥッラーニー朝からになる。

アフガニスタンは古来イスラーム文明、中華文明、インド文明の活断層線上に位置したが、この3つの文明の交差する現代のアフガニスタンにおける『国際問題』の原型はほぼこのドゥッラーニー朝の建国の時代にできあがったということができる。

(4) ドゥッラーニー朝とアフガニスタン首長国の建国

アフマド・シャーが樹立したドゥッラーニー朝は国名として「アフガニスタン」をまだ名乗っていなかった。アフガニスタンを初めて国号としたのは、ドゥッラーニー部族連合の(※81)サドーザイ族に取って代わったバラクザイ族のドースト・ムハンマドであった。その家門は「ムハンマドザイ」と呼ばれるため、ムハンマドザイ朝の名でも呼ばれる。ドースト・ムハンマドは1826年にカブールを掌握したが、その後もしばらくは兄コハンデル・ハーンがカンダハルを本拠とし、サドーザイ朝残存勢力がヘラートを本拠として鼎立する状態が続いた。1835年、ドースト・ムハンマドは君主の称号をアミール(首長)に変え、アフガニスタンは「アフガニスタン首長国」を国号とする。しかしドースト・ムハンマドのロシアへの接近を警戒したイギリスがサドーザイ朝の復興を目指すシュ

ドースト・ムハンマド・ハーン

ジャー・シャーを支援してアフガニスタンに介入して第一次アフガン戦争（1838－1842年）になり、敗れたドースト・ムハンマドはイギリス（東インド会社軍）によって逮捕・追放され、アフガニスタン首長国は一度は滅びる。しかしイギリス駐留軍への反乱が続発し大きな犠牲を出したためイギリスは撤兵し、ドースト・ムハンマドは1843年に復位し、1855年にはイギリスとの友好条約（ペシャーワル条約）を締結し、インド大反乱ではイギリスを支援し、兄コハンデル・ハーンの死（1855年）後の混乱に乗じてカンダハルを奪い、1863年にはサドーザイ家の手にあったヘラートを併合し、その20年にわたる治世において現在のアフガニスタンの勢力範囲をほぼ纏め上げることに成功した。

※81　ドゥッラーニー（アブダーリー）部族連合は大きく⑴ズィーラク系と⑵パンジュパイ系に分けられ、ズィーラク系は①ポーパルザイ族②アルコザイ族③バラクザイ族④ムーサーザイ族の4家に分かれ、パンジュパイ系には①ヌールザイ族②アリーザイ族③イスハクザイ族④ハクワニ族⑤マクー族の5家が含まれる。アフマド・シャーのサドーザイ家はズィーラク系のポーパルザイ家に属する。鈴木均「第1章アフガニスタン国家の特質と対周辺国関係」『アフガニスタンと周辺国―6年間の経験と復興への展望』（アジア経済研究所２００８年）25ページ参照。

(5) グレートゲーム

前節で述べた通り、ドゥッラーニー朝の内紛に乗じて、アフガニスタンにはインドの植民地化を進めるイギリスが東インド会社を通して介入し、第一次アフガニスタン戦争を引き起こし、一端アフガニスタン首長国を倒したが、アフガン人の抵抗により、アフガニスタンは独立を取り戻す。ところがインドが名実共にイギリスの植民地となることで、アフガニスタンは文明史的、地政学的に大きな転機を迎える。

17世紀に東インド会社を通じてインドに勢力を拡大していた大英帝国は、1857年のインド大反乱を契機に既に衰退し名ばかりの皇帝にすぎなかったバハドゥール・シャー2世を廃位させムガル帝国を滅ぼし、1858年にはインドを直轄領とし1877年にはイギリス国王がインド皇帝を兼ねる英領インド帝国を建国した。これによって英領インドと国境を接するアフガニスタン首長国は新たに西欧文明との活断層線上の国となる。

他方、西洋帝国主義列強の仲間入りを目指し19世紀なかばまでにカザフスタンのステップ地帯と、カフカス地方を征服し、南下の姿勢を強めていたロマノフ朝ロシア帝国はクリミア戦争（1853-1856年）敗北後、中央アジアのトルキスタン地方の3ハン国に狙いを定めるようになった。まずロシアはコーカンド・ハン国からタシュケント（現ウズベキスタンの首都）を奪い1867年にトルキスタン総督府を置いた。ついで1868年にサマルカンドを軍事占領しブハラ・ハン国を保護領とし、1870年にはヒヴァを攻略し1873年にはヒヴァ・ハン国を保護国化し、1876年にはコーカンドに入城しコーカンド・ハン国を滅ぼした。

こうしてドゥッラーニー朝は北側では中央アジアを経由して南下し勢力圏の拡大を続けるロシア、南側ではインド亜大陸に進出しインドの地方勢力を圧倒しフランスを駆逐したイギリスと対峙することになった。アフガニスタンは19世紀以降、内陸アジアをゲームの盤面に見立てたイギリスとロシアによる勢力圏抗争「グレートゲーム」の舞台となり、ヨーロッパ列強間の国際関係に基づく影響を多大に受けることとなった。我々の問題意識に照らすと、これによってアフガニスタンは地政学的に帝国主義列強の植民地獲得競争に巻き込まれたのみならず、文明史的に、イスラーム文明、中華文明、インド文明に加えて、東方正教ロシア文明と近代西欧文明とも境界を接する5つの文明圏が交差する文明の活断層線上にある引き裂かれた国家になったのである。

ちなみに1922年にはアフガニスタンが日本に修好条約締結のための親善使節の派遣

を申し出たがアフガニスタンの旧宗主国であるイギリスとの関係を憂慮した日本はそれらの申し出を断った。しかしアフガニスタンと日本の国交は1930年に調印され、1934年には日本陸軍からアフガニスタン陸軍に三八式歩兵銃などの銃火器が贈呈され、アフガニスタン陸軍省は日本からの武器購入を決定したと言われる(※82)。1930年の時点ではアジア・アフリカに独立国は中国、タイ、エチオピアなど僅かしかなく、イスラーム世界ではアフガニスタンを除けばサファヴィー朝の継承国家イラン帝国(パフレヴィー朝)とオスマン帝国の継承国家(トルコ共和国)しかなかった。アフガニスタンにはそれだけの「国格」があることを忘れてはならないのである。本書がアフガニスタンをムガル帝国の継承国家とみなし、「シン・ムガル主義」をその根拠とするのはそのためである。

グレートゲームに話を戻すと、ロシアは1867年タシュケントにトルキスタン総督府を設立した直後からドゥッラーニー朝のシェール・アリー国王に接近し、イギリス側機密文書資料によると、シェール・アリーはロシアの軍事同盟締結の提案を受諾し将来ロシアがイギリス統治下のインドに侵攻した際にはロシア軍への協力と引き換えにドゥッラーニー朝統治下にあったインド諸地域の割譲を受けることを約束されていたという。この同盟関係はイギリス側への脅威となったためイギリスはアフガニスタンに侵攻し、第二次アフガン戦争（1878－1881年）が始まった。戦争が始まると、イギリス側は破竹の進撃を続け、シェール・アリーは首都から北部に逃れ同盟にもとづく支援をロシアに要求し続けた。しかし、ロシア側はこれを黙殺し、シェール・アリーは直後に逃亡先で死去した。シェール・アリーの長男で後継のムハンマド・ヤァクーブ・ハーンとイギリスとの間でガンダマク条約が締結され、これによりアフガニスタンはイギリスの保護国となった。イギリスはその後、アフガニスタンの分割統治を構想し実行に移したものの、抵抗と混乱により断念し、外交権をイギリスに譲渡する条件で、サマルカンドに亡命していたアブドゥルラフマーン・ハーン（在位1880－1901年）を「北部アフガニスタンの統治者」として選定した上で、軍をインドへと撤退させた。

こうしてアフガニスタンはイギリスの保護国となったが、補助金や軍事支援を得たアブドゥルラフマーンはアフガニスタン全土を掌握し、イギリス主導下で周辺国との間の国境画定が実施され、この時期に現在のアフガニスタンの領域が形成されるに至った。しかし1893年になされた英領インドとアフガニスタンの境界を定めるデュアランド・ライン

※82　澤田次郎「アフガニスタンをめぐる日本の諜報工作活動—1934－1945年を中心に—」『拓殖大学論集、政治・経済・法律研究』第22巻第1号（2019年10月）77－144頁参照。

合意については、アフガニスタンはこれをパキスタンとの国境とは認めておらず、国境をめぐる問題は両国の主要対立軸となっている（※83）。

(6) タリバンの起源とデオバンディー学派

ここまで述べてきたアフガニスタンの文明史的、地政学的背景を理解して、はじめてタリバンの文化的、社会的、宗教的特徴を理解することができる。既述の通り「タリバン」とは「マドラサ」と呼ばれるイスラーム学校の学生であり、タリバンを理解するにはタリバンが学ぶマドラサの特徴を理解しなければならない。アフガニスタンを含む現代の南アジア、インド・イスラーム文明圏では、スンナ派のイスラーム学校はデオバンディー学派、バレルヴィー学派、アフレ・ハディース学派の3系統に大別される。

デオバンディー学派とバレルヴィー学派は共にスンナ派4法学派の中のハナフィー学派に属する点では同じであるが、スーフィズムについて激しく対立する。本書では詳細には立ち入らないが、大雑把に言うなら、聖者崇拝、聖廟崇拝、呪物崇拝などの「民間信仰」とでも言うべきものを正当化するのがバレルヴィー学派、それをイスラームの教えに反する多神崇拝として批判するのがデオバンディー学派となる。アフレ・ハディース学派はハナフィー学派を含めた全ての法学派の伝統の権威を否定し、クルアーンと預言者ムハンマドの言行録ハディースに還ることを説く「復古主義」運動で、アラビア半島のワッハーブ派運動の影響を受けているとも言われ、インドのハディース学者スィッディーク・ハサン・ハーン（１８９０年没）とナズィール・フサイン（１９０２年没）らによって創設された（※84）。

現在の南アジアではイスラーム学者のネットワークとしてはデオバンディー学派が最大であり、次いでバレルヴィー学派となる。アフレ・ハディース学派は少数派で大衆的基盤を持っていない。パキスタンでは神学校の64％がデオバンディー学派、25％がバレルヴィー学派に属するが、人口でみると自分がデオバンディー学派に属すると考える者は約15％にすぎず、約60％はバレルヴィー学派だと考えているとも言われている。

デオバンディー学派の名は１８６６年にイスラーム学者ムハンマド・カースィム・ナナ

※83　グレートゲームのアフガニスタンへの影響については、《「グレートゲーム」の時代におけるアフガニスタン（『アフガニスタンを知るための70章』より）》『Ｗｅｂあかし：エリアスタディーズ試し読み』（２０２１年10月15日）参照。

※84　Martin W. Lewis, "Deobandi Islam vs. Barelvi Islam in South Asia", *GeoCurrents*, 2010/10/07.

ウタウィー（1879年没）とラシード・アフマド・ガンゴーヒー（1905年）によって8年制の高等イスラーム教育機関（卒業生はほぼ学士に相当）「ダールルウルーム（Dār al-'Ulūm：諸学の館）」が設立された北インドの地名デオバンドに由来する。ダールルウルームはイギリスの植民地支配の下で正しいムスリムとして生きるための教育を施すことを使命として設立された。

デオバンディー学派を現代の西欧的価値観に照らすと反動的、保守的に見えるのはうなずける。しかし当時の歴史的文脈を考えれば、その本質は西欧の支配に対抗し解放を勝ち取るためには、知的、道徳的に退廃し迷信、因習に堕したイスラームの現状を打破しなくてはならないと考え、理性とディシプリンを重視する近代主義的イスラーム改革運動であったことが明らかになる。

(7) ダールルウルーム学院

教義の詳細について論ずることはできないが、デオバンディー学派のダールルウルームの特徴として、(1)哲学、論理学、数学など早くからイスラーム文明に組み込まれていたギ

北インドのデオバンドにあるダールルウルーム神学校

リシャの学問をカリキュラムに組み込んだこと、(2)卒業生が学士に相当する8年制のカリキュラムを定めたこと、(3)ハディース学を基礎とする裁判官などの官僚の職分に応じた専門教育の導入、をあげることができる。

デオバンディー学派が採用したカリキュラムは、インドのイギリス東インド会社による実質的な植民地化が進んだ17世紀に北インドのイスラーム学者の家系に生まれたモッラー・ニザームッディーン（1677年没）が作った「ダルスィ・ニザーミー（dars-i nizāmī）」と呼ばれるものである。古典的なアラブのマドラサ（イスラーム学校）の学習形態は、先生と生徒が法学（フィクフ）を中心に自由に講義を選び、また一つのマドラサに長居をせず、高名な先生を求めてムスリム世界各地を遍歴するものであった。日本が西欧から導入した我々の知る学制のように、哲学、論理学、数学、神学、法理学などの科目のセットを年限が決まった一つの学校で学ぶダルスィ・ニザーミーというシステムはイスラーム史において画期的なものであった。

ダルスィ・ニザーミーの導入後まもなく、インドのウラマーはオスマン帝国でも参照されるイスラーム学の業績を生み出すことができるようになった。それだけでなく、ダルスィ・ニザーミーは、それを採用したデオバンディー学派に、現代においても西欧のイデオロギーに対抗してイスラームの再定式化を可能にさせたということができる（※85）。そしてデオバンディー学派は、カリキュラムと学制が確立されているため、本部のダールルウルームの卒業生たちが、そのシステムをコピーして新しいマドラサを作ることで南アジアを中心に分校のネットワークを広げていくことができた。

当初からデオバンディー学派は国境や民族を超えて、西欧の植民地支配からのムスリムの解放を目指していたが次第に政治化していった。転機となったのは、所謂「絹文書運動(tehreek-e-reshmi rumal)」であり、デオバンディー学派のウラマーは、オスマン帝国、アフガニスタン首長国、ドイツ帝国と共闘してインドのイギリスからの独立支援を画策した。彼らはアラビア半島の聖地マディーナを本拠とし、デオバンディー学派の指導的イスラー

アフガニスタンとの国境に近いパキスタン北部の都市ペシャワールのハッカーニーヤのマドラサ

ム学者「シャイフルヒンド（インドの導師：Shaik al-Hind)」マフムード・ハサン・ウスマーニー（1851－1921年）を参謀総長とするイスラーム軍(Ḥizbullāh) を創設しようとした。イスラーム軍の支部はイスタンブール（トルコ）、テヘラン（イラン）と並んでインド亜大陸にも置かれる予定だったが、インド亜大陸支部の場所はアフガニスタンのカブールであった。またデオバンディー学派は第二次世界大戦においてオスマン帝国の敗北によるカリフ制の廃止にあたっては、失敗に終わったとはいえオスマン朝カリフと共闘し大衆を動員して反英闘争（ヒラーファト運動：1919－1924年）を繰り広げた。

　またデオバンディー学派の学者たちは1919年に汎イスラーム主義の「インド・ウラマー協会

(Jamiat-e-Ulema-e-Hind)」に参集したが、イギリスからの独立をめぐってパキスタンの分離独立を支持するシャッビール・アフマド・ウスマーニー（１８８７−１９４９年）らが離脱し、１９４５年に「イスラーム・ウラマー会議（Jamiat Ulema-e-Islam）」を立ち上げた（※86）。

このイスラーム・ウラマー会議の創設メンバーであったアブドゥルハック（１９８８年没）は１９４７年にパキスタンのアコラ・ハッタクにダールルウルーム・ハッカーニーヤを設立した。１９９９年の第一次タリバン政権の閣僚のうち8人がこのデオバンディー学派のハッカーニーヤ学院（ダールルウルーム）の卒業生であり、アブドルハックの息子でハッカーニーヤ学院の理事長職を継いだサミーウルハック（２０１８年没）は「タリバンの精神的父」と呼ばれていた。

サミーウルハックは１９８５年から１９９７年にかけて2期にわたってパキスタンの上院議員を務めたが、イスラーム・ウラマー会議の有力メンバーでもあり、ファズルッラフマーンが会長になると、１９８８年に分派を作り自ら会長になった。これ以降、ファズルッラフマーンを長とする派をJamiat Ulema-e-Islam-F、サミーウルハックに従う派をJamiat Ulema-e-Islam-Sと呼び分ける。現タリバン政権の法務大臣兼最高裁長官アブドルハキーム・ハッカーニー師、副首相兼内相のハッカーニー・ネットワークの指導者でもあ

最高裁長官アブドルハキーム・ハッカーニー師（上段中央）

るスィラージュッディーン・ハッカーニー師もこのハッカーニーヤ学院の出身であり、タリバンの幹部の多くはJamiat Ulema-e-Islam-Sの影響下にある（※87）。

デオバンディー学派は設立当初より、インド、パキスタン、アフガニスタンにまたがって活動し、同じハナフィー派のカリフを擁するオスマン帝国とも緊密に連帯し西欧の植民地支配からのムスリムの政治的、イデオロギー的解放を志向する汎イスラーム主義のネットワークを構築してきたのであり、タリバンはその正統な系譜に属している。

そして300年以上の伝統を誇るダルスィ・ニザーミーのカリキュラムを教えるデオバンディー学派のインド、パキスタン各地のダールルウルームは、現在ではインド、パキスタン、バングラデシュのインド亜大陸だけでなく、タイ、マレーシアなど東南アジア、そしてハナフィー派のロシア、中央アジアの留学生を引き付けている。しかし特筆すべきは、現在のデオバンディー学派のダールルウルームはムスリム諸国からだけではなく、南アジアからの移民を中心にイギリスからも多くの留学生を集めていることである（※88）。

哲学、論理学、法理学の厳格なディシプリンに基づくハナフィー派のダルスィ・ニザーミー・カリキュラムを共通教養とするデオバンディー学派のネットワークを通じて、南アジアを超えて中央アジア、ロシア、トルコ、イギリスから優秀で敬虔な人材の献身的な協力を得られるというこのソフトパワーこそ、20年間にわたる不屈の闘争の末に「国際社会」の弾圧に打ち勝ったタリバンの底力の秘密なのである。

※85　ダルスィ・ニザーミーの成立の背景とその後の歴史的意義の詳細については、Mulla Saaleh, "A Reckoning with the Dars-i-Nizami," *Darul Qasim*, https://ru.scribd.com/document/584793990/darsi-nizami-20211219, Asad Q. Ahmed, "Dars-i Nizami", *Encyclopedia of Islam III*参照。

※86　Dietrich Reetz, "The Deoband Universe: What Makes a Transcultural and Transnational Educational Movement of Islam?", *Comparative Studies of South Asia, Africa and the Middle East*, Vol.27, No.1, 2007, pp.142-145.

※87　Shahabullah Yousafzai/Hidayat Khan, "Maulana Samiul Haq – life in focus, The JUI-S chief was assassinated in a knife attack at his residence in Rawalpindi on Friday", *The Express Tribune*, 2018/11/02

※88　Dietrich Reetz, "The Deoband Universe", pp.148-159.

［第3章］
タリバンと新しい世界

(1) 帝国の復興と文明の再編の時代におけるタリバン

プーチンは、ロシアを西欧列強と並ぶ地位に押し上げたピョートル大帝に自らを重ね「帝政ロシアの復活」を公言する自分と、中華民族の偉大な復興である「中国の夢」を政治スローガンに掲げ清朝以前の「中華帝国の復活」を目指す習近平によって、中国とロシアが「『帝国の復活』を目指して、国際秩序を塗り替えようとしている」と述べている(※89)。ロシアと中国だけではない。現在の世界は中国文明圏、ロシア文明圏、イスラーム文明圏、インド文明圏が、それぞれの中核国家が帝国化しそれを軸とする地域ブロックを形成し、離合集散を重ねる文明の再編の時代となる(※90)。

※89　峯村健司・小泉悠・鈴木一人・村野将・小野田治・細谷雄一『ウクライナ戦争と米中対立　帝国主義に逆襲される世界』(幻冬舎 2022年) 274-275頁

カザフスタンで開催された上海協力機構首脳会議（2024年7月4日）

米外交問題評議会シニア・フェローのシャノン・K・オニールは技術、人口動態の変化、気候変動、政治的な変化、地政学的緊張の激化、貿易の保護主義の強まりによって、今後グローバル化は抑制され、リージョナル化（地域ブロック化）が進行すると予測する。「モノ、カネ、情報、ヒトの国際的移動の半分以上は、3つの主要な地域ハブ、つまり、アジア、ヨーロッパ、北米の内部で発生している。——中略—— ネットワークが地域内に集中している理由は単純で、地理が重要だからだ」と述べるシャノンは、「もっとも可能性の高いシナリオは、多国籍企業がグローバル化されたサプライチェーンから、より短く、代替性の高い地域サプライチェーンを模索するようになることだ。今後数十年間、グローバル化ではなく、

リージョナル化が企業の重要アジェンダとされるだろう」と述べる。シャノンのリージョナル化の予測は妥当であるが、アメリカの政策学者であるシャノンは、ユーロアフリカの地域的一体性、中露が主導する上海協力機構加盟国などで支配的な多国籍企業の力の及ばない国家主導の国家資本主義によるリージョナル化への見通しが抜け落ちている（※91）。

筆者は今後のリージョナル化の鍵は、「グローバルサウス」、特に中華帝国、ロシア帝国、インド文明のインドとパキスタンが呉越同舟で加入する地上最大のアジア国家連合「上海協力機構」にあると考えている。帝国の復興と文明の再編には、現在のモノ、カネ、ヒト、情報、そして資源の流通、配分をめぐる不正、利害対立による経済的裏付けがある。しかしそれを経済的要因のみに還元することはできない。筆者は経済に加えて、宗教地政学的、文明論的要因を考慮することなくしては、帝国の復興の意味も、文明の再編の行方も正し

※90　インドもまた、ヒンズー至上主義者ナレンドラ・モディ首相の下で「偉大なる『ヒンドゥー文明』の遺産を受け継ぐ国であり、独自の優れた文化とその英知にもとづいた外交を通して世界に平和と繁栄をもたらし、それによって、しかるべき尊敬と影響力を勝ち取るべきである」「ヴィシュワグル［世界の尊師］」への道を歩んでいる。湊一樹『モディ化」するインド──大国幻想が生み出した権威主義』中央公論新社（Ｋｉｎｄｌｅ版：２０２４年）２６９、２４６頁参照。

※91　「グローバル化からリージョナル化へ　地域内貿易の時代へ」『フォーリン・アフェアーズ・リポート』２０２２年、№９、82、86－87頁参照。

く見通すことはできないと考えている。

(2) インド文明

それには西欧政治思想の色眼鏡を外して、西欧帝国主義列強の世紀であった19世紀以前の世界を振り返る必要がある。既述の通り約300年前、ムガル皇帝は西洋からの使節団に対して「世界には3つの中心がある、インドと中国とトルコである」と言い放っていた(※92)。約300年前、18世紀初頭、スペイン、オランダ、イギリス、フランスなどから西欧人は既に来航していたが、インドは厳格なイスラーム法に基づく統治を目指したアウラングゼーブ帝(在位1658年-1707年)の下にムガル帝国がインド南端を除く全インドを支配し最大版図を実現していた帝国の最盛期であった。ムガル皇帝がトルコ(オスマン帝国)と中国(大清帝国)とインド(ムガル帝国)を世界の3つの中心と呼んだのはそうした時代であった。

ムガル帝国は1558年から1748年にかけてオスマン帝国との間に公式な外交関係を結んでいたが、オスマン帝国と統一されることはなかった(※93)。ムガル帝国は、同じスンナ派ハナフィー法学派に属するトルコ系帝国であったが、自らをインド・イスラーム文明の世界帝国として、地中海一神教世界のオスマン帝国、中華文明の大清帝国と並ぶ世界の中心として位置づけていた。

実はここで保坂俊司のあげるムガル皇帝の言葉を引用したのは、実は帝国の復権と文明の再編の未来において最も見通しが立たないのがインド文明だからである。一見すると、人口において中国を抜いて世界最大の大国となり、経済力は購買力平価では既に日本を抜いて世界第三位であり、IT産業においては世界をリードするインドこそが帝国の復興と文明の再編の時代におけるインド文明の中核国家であることは自明に思われる。「自由で開かれたインド太平洋」や、QUAD（日米豪印戦略対話）などで、欧米が「世界最大の民主主義国家」を自称するインドを「価値観を共有する」同盟国として自陣営に取り込もうとしていることもそうした認識に基づいている。しかしロシアのウクライナ侵略において

※92　保坂俊司『インド宗教興亡史』（ちくま新書２０２２年）10頁。
※93　この間ムガル帝国はオスマン帝国と概して良好な外交関係を保っていたがその宗主権を認めることはなかった。Cf., Razi Ashraf, "Ottoman-Mughal Political Relations circa 1500-1923", *The Eurasia Studies Society Journal*, Vol.2., No.2., 2013/3, pp.3-5.

インドはアメリカの執拗な呼びかけにもかかわらず対ロ制裁に加わらないばかりか、ロシアとの貿易を増やし、ロシアとの共同軍事演習にまで参加したことは、欧米のこうした期待が幻想に過ぎなかったことを明らかにした（※94）。

保坂は「独立した宗教による連続した社会」を文明と定義した上で、キリスト教圏やイスラーム圏と違い、それぞれの宗教が高位のインド文明の下位概念となるのがインドのような多宗教社会の特徴であるとし、「インド文明においては、宗教の存在は一貫して最重要な要素としてあり続け、それは現在も、おそらく将来においても変わらない」と述べる。保坂によると、インド文明なるものが存在するとすれば、それはバラモン・ヒンドゥー文明、仏教文明、インド・イスラーム文明という「それぞれの宗教文明が相互に影響しあい、独特な統一性を形成してきた」ものとなる（※95）。

その上で保坂は出家・修行主義のアーリア人に支配され同化されたドラヴィタ系や森林居住の先住民のダーサの宗教を通奏低音として、インド宗教が形成されたと考える。その時代区分によると、インド宗教は、【第一期】征服民族アーリア人がもたらしたヴェーダの宗教の時代（BC15世紀頃〜）、【第二期】「バラモン教の時代」（BC6世紀頃〜）［前期］「反仏教の時代」（〜AC2世紀頃）［中期］国民宗教（グプタ朝バラモン教国教化）の時代（〜A

C8世紀頃）［後期］反異民族の民族主義運動としてインドの宗教が習合していく反イスラームの時代（〜AC12世紀頃）、【第三期】ヒンドゥー教の時代（〜現在）に分類される（※96）。

保坂はインド宗教の特徴をタントラ化と呼び、スーフィズムがインド思想に親和的でありスーフィズムによってイスラームがインド化したと考え、「このインド化したイスラームはもともとインド文明と深い関係があった東南アジア地域に広く伝播し、現代のインドネシアやマレーシアなど東南アジア地域のイスラム化の原動力となった」と述べている（※97）。しかし、保坂はヒンドゥー教自体が異民族の侵入者の宗教であるイスラームへのアンチテーゼとして成立したと考えているため、現代におけるイスラームとヒンドゥー教の融和には否定的である。

※94　湊一樹『「モディ化」するインド』「厄介な戦略的パートナー」節「中国の脅威に直面する『強いリーダー』」節（49－53頁）参照。中央公論新社．Kindle版．
※95　『インド宗教興亡史』13－16頁参照。
※96　同上、36－38頁。
※97　同上、200頁。

(3) インド・イスラーム文明とシン・ムガル主義

インド共和国内においても1971年に11・27%だったムスリム人口比は2011年には14・2%に増えている。またイギリスが最初に国勢調査を行った19世紀末のムスリムの割合は25%であったものが、現在のインド亜大陸に住むムスリムの割合は36%で11ポイントも増加しており、インド亜大陸の人口の3分の1以上はムスリムである(※98)。保坂が述べる通り、インド文明において宗教は最も重要ではあるが、文明の下位にある。バラモン教の国教化からイスラームに対抗して全インドの宗教をヒンドゥー教に結集したことで人口的に圧倒的な多数派となりながら、ヒンドゥー教はインド亜大陸に秩序をもたらすことはできなかった。保坂は、ムガル帝国のアクバル(1565年没)、ジャハーンギール(1627年没)帝の宗教融和策を高く評価する。しかし、イスラーム学的には、アウラングゼーブ帝が編集させたアラビア語で書かれたイスラーム法典『インド教令集(*al-Fatāwā al-Hindīyah*)』はオスマン帝国で最も尊重されたハナフィー法学書『イブン・アービディーン(*Hāshiyah Ibn ʿĀbidīn*)』にも参照される優れた業績であり(※99)、むしろ最大版図を実現したアウラングゼーブ帝のイスラーム改革路線を正しく継承することが、宗教的インド文明のイギリスによる植民地化を阻止する道であったと筆者は考えている。

確かに、現在のヒンドゥー教至上主義のインド人民党（バーラタ・ジャナタ・パーティー、BJP）のイスラームへの敵意を煽るポピュリスト的手法を見る限り、アウラングゼーブ帝において一応の完成をみたムガル帝国の統治システムの下にヒンドゥー教徒のムスリムの政治的統合を目指すことは、「自由で開かれたインド太平洋」やQUADの構想以上に、非現実的な絵に描いた餅のような空論に聞こえるかもしれない。

しかし長期的に見るなら、インドを搾取、収奪した末に独立運動によって追い出されて去っていったイギリスの世俗ナショナリズムに基づく領域国民国家システムよりも、千年にわたる歴史の中でインド亜大陸の3分の1以上の人口を独自のインド・イスラーム文明のアイデンティティを有するムスリムに作り上げ、世界でも有数の大帝国を作り上げたイスラームの「被征服者たちの信仰を、そのまま続けることを許す」「太っ腹の寛容」（※100）の方が現世を超えた宗教的価値を重視するインド文明における多様な民族、宗教、思想の共存を担保する政治制度として有効ではなかろうか。

※98 同上、23－24頁。
※99 Cf., Saaleh, "A Reckoning with the Dars-i-Nizami", p.12.

パレスチナ議長を迎えた際のトルコのエルドアン大統領（2024年8月15日）

現在、ロシアのウクライナ侵攻においても、ロシアとウクライナの双方とパイプがあり両国の仲裁において独特の立ち位置を占めるトルコのエルドアン政権は、「新オスマン主義（Neo-Ottoman-ism）」と呼ばれる（※101）。筆者は「シン・ムガル主義（Neo-Mughalism）」（※102）こそ帝国の復興と文明の再編の時代におけるインド文明の未来のあるべき姿であり、その「シン・ムガル主義」の主役はタリバンだと考えている。

西欧帝国主義列強の時代であった19世紀、アジア、アフリカの殆どの国は列強の植民地となったが、イスラーム世界も例外ではなく、18世紀の初頭には世界でも最も豊かな大帝国であったムガル帝国もイギリスによって滅ぼされ英領インドとなった。しかし忘れてはならないのは、その19世紀にムガル帝国の故地であるアフガニスタンに当時世界最強の大英帝国の帝国主義的侵略を退けた独立国家アフガニスタン王国が成立したことである。

※100　保坂は、クルアーン２章１０９節などに現れる「許し（ghafara）」の概念を「なにごともなかったかのように包み隠して気にしないこと」と敷衍し、イスラーム的寛容の特徴として挙げ、「地上にあるいろいろなもの（不都合な存在など）が、あたかも砂によって埋め尽くされ見えなくなるように、たとえカーフィル（多神教徒）のように罪深い存在がいたとしても、彼らを見て見ぬふりをすることで砂一面になり、この世がムスリム一色となる」「これがイスラム寛容思想である」と述べる。『インド宗教興亡史』２０３－２０４頁参照。

※101　ネオ・オスマン主義については、今井宏平「アイデンティティから読み解くトルコ外交」『国際政治』２０７号２０２２巻（２０２２年）１７３－１８２頁、アフメト・ダウトオウル『文明の交差点の地政学――トルコ革新外交のグランドプラン』（書肆心水２０２０年11月）４８３－４８５頁参照。

※102　「シン・ムガル主義」の語はもっぱら否定的な文脈で用いられている。たとえばギリシャのジャーナリストP．アントノプロスはトルコに対する新オスマン主義に擬えて、シン・ムガル主義を「ジャンムー・カシミール地方の征服という拡張主義の野望を抱きシン・ムガル主義のイデオロギーを掲げ自分たちはイスラーム化したインド人ではなくトルコ系征服者の後継者であると信じる」パキスタンのイデオロギーと考えている。Cf., Paul Antonopoulos, "Indian-Greek ties have exciting prospects, built on the legacy of Alexander the Great and King Porus", *The Week*, 2021/01/27.

またIndiafacts誌の記者シャンムフ・ナグは「１９７０年代までにシン・ムガル主義者（Neo-Mughalis）はインドで最大の政党だったが、全国（インド）規模での完全な支配は既に過去のものとなった。これらのシン・ムガル主義者たちは昔のムガル帝国のような王国を再建していた。つまりインドの心臓部であるマハラシュトラ州、グジャラート州、カルナータカ州、アーンドラプラデーシュ州、オリッサ州をシン・ムガル帝国の支配下の主な王国とする一方で、タミル・ナードゥ州や西ベンガルなどの小王国は、既存の秩序を乱さず先例に従いデリーのシン・ムガル帝国に敵対しない限りにおいて黙認した。それによってそこでの小領主たちもシン・ムガル主義者たちが当時行ったように土地を収奪することができたのである。Shanmukh Nag, "The Neo-Mughals and the Neo-Marathas", *Indiafacts*, 2015/04/12.

1858年にムガル帝国がイギリスに植民地化され名実共に滅びて英領インドになった時、インド・イスラーム文明のムガル帝国の継承国家は、ドースト・ムハンマドが建国し（1835年）、イギリスの侵略（第一次アフガン戦争：1838－1842年）を退けたアフガニスタン王国となったのである。

(4) トルコの近代化

17世紀に最盛期を迎えたトルコ、イラン、インドのイスラームの三大帝国オスマン帝国、サファヴィー朝、ムガル帝国は、ロシアを含むヨーロッパ列強の帝国主義的侵略に苦しめられ、独立を守るために否応なく西欧化による近代化に舵を切ることになった。先行したのは15世紀以来ヨーロッパ国際秩序の重要なプレーヤーであったトルコである。マフムート2世（在位：1808－1839年）の時代は軍医学校、音楽学校、士官学校、官僚養成学校などが設立され、1839年にマフムート2世の跡を継いでスルタンに即位したアブデュルメジド（在位：1839－1861年）は「ギュルハネ勅令」を発布し、1876年のミトハト憲法発布に結実する異教徒に対する法的平等を保障する法制改革、西欧科学を教える初等中等教育の普及、軍の近代化などの一連の「近代化」「西欧化」政策、いわゆる「タンジマート」を行った。

その後、西欧に倣った立憲制を目指す軍人の秘密結社「統一と進歩委員会」によって1908年に青年トルコ革命が生じ、革命政府によってオスマン帝国は同盟国側に立って第一次世界大戦に参戦することになったが、敗戦によりオスマン帝国はアナトリアとイスタンブールを除くほとんどの領土を失い亡国の危機に瀕した。連合軍の侵攻に対してアンカラに樹立された大国民議会政府が祖国解放戦争に勝利、解放戦争の英雄であったムスタファ・ケマルが指導者になり1922年にオスマン帝国を打倒し、1923年には新たにトルコ共和国を樹立し、1924年にはカリフ制を廃止し、イスラーム法を棄却、スーフィー教団を禁止し、スンナ派イスラーム世界の盟主から世俗主義（ライクリク）を国是とする世俗国家に生まれ変わった。

こうしてスンナ派イスラーム世界の盟主であったオスマン帝国に替わって、中東イスラーム世界の中でも最も世俗的な国民国家トルコ共和国が生まれたのである。そしてこの新生トルコ共和国は第二次世界大戦後の冷戦構造の中でソ連と対峙する西側資本主義陣営の最前線としてムスリム諸国の中で唯一のNATO（北大西洋条約機構）構成国となり、EC

(欧州共同体)、EU(欧州連合)加盟を目指し、イスラーム文明ではなく西欧文明の一員となることを目指す極端な西欧化の道を選んだ。

(5) イランの近代化

イランではカージャール朝のナーセルッディーン・シャー(在位:1848-1896年)の治世に、大宰相ミールザー・タギー・ハーン(在位1848-1851年)が初めての西欧型の高等教育機関(Dar-e Funūn)を設立し、ヨーロッパに留学生を送り、軍制、税制、行政改革を行ったが、保守派貴族層の抵抗にあい罷免、処刑され改革は頓挫し、カージャール朝は自壊の道を辿った。1906年には立憲革命が起き、1907年には英露協商で北部がロシア、南部がイギリスの勢力圏と定められるなど半植民地化が進み、たびたび英露の軍事介入を招き、第一次世界大戦、ロシア革命とイギリス軍の軍事介入で帝国は無政府状態に陥り、ペルシャ・コサック軍団の長レザー・シャーによるクーデターで1925年カージャール朝は倒れパフレヴィー朝が成立する。

レザー・シャーは皇帝に即位すると貴族だけでなくウラマー(イスラーム学者)の力を殺

ぎ、西欧の政治制度を導入しフランスやイタリアの民法を継受し、軍事改革を行い中央集権化を進め、初等中等教育においても西欧に倣った学校を普及させた。1925年には5万6千人だった小学生の数は1941年には28万7千人に、公立小学校の数は648校から2336校に増えた一方で、イスラーム神学生の数は5984人から785人に急減した。

レザー・シャーは富国強兵、殖産興業のために急激な西欧化による近代化を推し進めたばかりか、社会的にも伝統的民族衣装を禁止し、登録されたウラマー（イスラーム学者）を除いて成人男子全員に洋装を義務付け、女性のチャドルも廃止し、チャドルを着けた女性を同伴した政府高官は罷免し、下級官僚には罰金を科すなど世俗化政策を行った。

また国際関係においてはイギリスとロシアのグレートゲームのバランスを取ることで独立を維持する外交を行っていたが、第二次世界大戦でドイツが不可侵条約を破棄してソ連の敵となったことで、イギリスとソ連が同盟国となるとレザー・シャーはイギリスと対抗するためドイツに近づくことになった。しかし対ソ戦での英米からのソ連への軍事補給のためのイラン縦断鉄道の利用要求を中立を理由にレザー・シャーが拒否したために、イギリスとソ連の軍が1941年8月25日にイランに進駐した。そのためイラン軍は潰走し、イギ

ホメイニ師

レザー・シャーは皇太子モハンマド・レザーに譲位して退位を余儀なくされ、イランを追われ南アフリカで死んだ（※103）。

モハンマド・レザーは1951年からソ連に接近し石油国有化を進めたモハンマド・モサッデク首相と対立したが、1953年にCIAとMI6の支援によりクーデターでモサッデク首相を失脚させ、その後、アメリカの後ろ盾を得て「白色革命」の名の下に秘密警察によって反体制派を弾圧し西欧化、世俗化を行い、開発独裁制を敷いた。イスラームではなくイラン民族主義を称揚し古代ペルシャの帝王に自らを擬したモハンマド・レザーはイスラームを蔑ろにする西欧化、世俗化による近代化を推し進め、それに反対するイスラーム法学者を苛酷に弾圧した。

それに対する反動として国外追放された高位イスラーム法学者ホメイニ師の「法学者の統治（velāyat-e faqīh）」理論に基づくイスラーム革命によって1979年にパフレヴィー朝は倒され、イラン・イスラーム共和国が成立する。こうしてイスラーム世界におけるイスラーム帝国の復興、イスラーム文明の再編は、まずサファヴィー朝の継承国家イラン・イスラーム共和国において顕在化したのである。

イランに次いで覚醒したのはトルコであった。オスマン帝国のウラマーの弟子たちが指導するナクシュバンディー教団を支持基盤とするＡＫＰ（公正発展党）のエルドアン政権は２００２年に政権与党となり、共和国の世俗主義（ライクリック）の枠組内で「漸進的イスラーム化」を進め、２０２０年には、オスマン帝国のカリフが金曜集合礼拝を主宰するモスクであったがムスタファ・ケマルによって博物館に変えられたアヤソフィアをモスクに戻し、エルドアン自身がクルアーンを読誦した。エルドアンのシン・オスマン主義については既に述べた通りである。

(6) アフガニスタンの近代化

アフガニスタンではロシアの進出を恐れるイギリスが１８７８年に軍事侵攻したことか

※103　富田健次「レザー・シャー・パフラヴィの統治」『大分県立大学研究紀要』第37巻（１９９０年）１７３－１８２頁。

ら始まった第二次アフガン戦争を収拾しイギリスからアフガニスタン国王（アミール）として承認されたアブドッラフマーン・ハーン（在位：1880－1901年）が、イギリスに外交権を奪われ保護国化されたことから、独立のためにアフガニスタンの西欧化による近代化、富国強兵を目指した。彼はオスマン帝国に倣って軍事力を強化すべきと考え、常備軍と官僚機構を創設する一方、科学技術の進歩にも気を配り、外国から医師、工業技術者、地質学者、印刷業者などをアフガニスタンに招聘し、機械を輸入し、石鹸、蝋燭、皮革製品を製造する工場の設立を奨励し、ヨーロッパの技術指導の下に通信、輸送、灌漑施設を整備した（※104）。

「近代アフガニスタンの礎を築いた」（『タリバン台頭』175頁）アブドッラフマーン王はアフガニスタンの西欧化、近代国家化の先駆者として高く評価される一方、ハナフィー法学派に基づくイスラーム法を国法とする司法マニュアル『裁判官の基礎（*Asās al-Quḍāt*）』を編集し全土に施行する中央集権化の過程で敵対部族を容赦なく弾圧したため「鉄のアミール」の異名をとった。中でも1891－1893年の「ハザラ戦争」ではハナフィー派の国法化に敵対するシーア派のハザラ人の故地ハザラジャートを侵略し彼らを大量虐殺した。生き残った者の多くも他の都市や中央アジア、イラン、インド亜大陸に逃亡し、ハザラジャートは荒廃し居残ったハザラ人も奴隷として売られた。カンダハルなどの南部のパシュトゥーン人居住区に住むハザラ人はパシュトゥーン人に土地を奪われ辺境の貧しい土地に強制移動させられた。ただしアブドッラフマーン王はハザラ人だけでなくパシュトゥーン人であっても、敵対的なギルザイ部族連合はパシュトゥーン人居住地の南部からヒンズークシ山脈北部の非パシュトゥーン地区に移住させている。またイスラーム化されていなかった東部のカーフィルスタン（不信仰者の国）を服属させ、イスラーム化し「ヌールスタン（光の国）」と改称した。

アブドッラフマーン王はそれまで地方的慣習やウラマーや部族長などの個人的裁量に任されていた行政をハナフィー法学によるイスラーム法の司法マニュアルを編集することで、国内の全ての地域で民族や宗派の別なく一元的に適用することができるようにし、また西欧化による近代化において先んじていたオスマン帝国に倣って富国強兵への道筋をつけた。

※104　Amin Tarzi, "Shari'a, and State Building under 'Abd al-Rahman Khan", *Afghanistan's Islam - From Conversion to the Taliban*, University of California Press, 2016 (https://www.jstor.org/stable/10.1525/j.ctt1kc6k3q.12), "Abdur Rahman Khan", The Iron Amir" - 1880-1901", *GlobalSecurity.com*, Ghttps://www.globalsecurity.org/military/world/afghanistan/amir-abdur-rahman.htm (2022/09/27閲覧).

アフガニスタンにおいて、欧米が過去20年間莫大な資源を投じながら国家建設に失敗したことからタリバンの排除が不可能であることは確実である、と述べる青木は、教訓として、アブドッラフマーン王の「性急な形で新しい改革を導入すべきではない、欧米のシステムに基づく教育モデルや、寛大な法律を取り込みながら立憲政治を確立するに当たっては、これらすべてを徐々に取り入れなければならない。何故ならば、そうすることで人々は近代的な革新的なアイデアに慣れ親しみ、もたらされた改革と恩恵を乱用することがないからである」との遺言を引用して「性急な社会改革や欧米化は、保守的なアフガニスタンではうまくいかなかった。アマーヌッラー国王、共産主義政権、およびイスラーム共和国の教訓を踏まえても、これは火を見るよりも明らかである」と述べて「この言葉の重みを肝に銘じなければならない」と締めくくっている。

トルコやイランと同じようにアフガニスタンも帝国主義列強の植民地支配を脱するために急激な西欧化による近代化を選択した。そしてトルコでナクシュバンディー教団、イランでは12イマーム派ウラマーの学問ネットワークによるイスラームの内発的近代化による西欧化の克服によって、オスマン帝国と地中海（東ローマ）スンナ派イスラーム文明の復興、サファヴィー朝とイラン・シーア派イスラーム文明の復興が始まったように、アフガニスタンでは南アジアに広がるデオバンディー学派のネットワークに支えられて2021年8月に欧米の侵略者を追い払ったタリバンによる全土の実効支配の確立によってムガル帝国とインド・イスラーム文明の復興が始まったのである。

ムガル帝国の滅亡後、アフガン戦争に勝利しムガル帝国創立の地でありバーブル帝が眠るカブールを首都に独立国家を作ったアフガニスタンをムガル帝国の継承国家と呼ぶことができるとしても、現時点（2024年8月15日）ではタリバン政権を国家承認している国は一つもなく国連の経済制裁に苦しむタリバンにムガル帝国の復興が実際に可能であるかには疑問が残ることは確かである。

(7) シン・ムガル主義とインド文明の未来

しかし、2022年のロシアのウクライナ侵攻以降、これまで国際秩序、国際社会と呼ばれていたものの虚構性が次々と明らかになりつつあったが、2023年にイスラエルによるパレスチナ人へのジェノサイドを引き起こしたガザ戦争はその流れを決定的なものとした。そして今から振り返るとタリバンの復権こそその発端であった。国連安全保障理事

アブドゥル・ガーニ・バラーダル師とGAAC（国際自動車諮問委員会）ソリューションズの最高財務責任者ラザック・アスラム・モハメド・アブドゥル・ラザック氏が握手する（2022年5月24日）

会が承認し20年にわたって莫大な資金を費やして財政的、外交的、軍事的に支援し続けたアフガニスタン・イスラーム共和国（アシュラフ・ガニー政権）がタリバンの首都包囲に際して一日も持たず大統領の逃亡により雲散霧消した一方で、国連がテロ組織と認定し「国際社会」全体が20年にわたって苛酷な弾圧を続けたタリバンがカブール入城後1か月を経ずして全土を制圧し閣僚名簿を発表し、その政権は国連に議席もなく経済制裁によって苦しめられながらも大過なく国家運営を続けている。

国際秩序の名の下に信じさせられている世界認識こそ誤っており、タリバンの主張こそ正しかったのではないか。私たちは自分たちの常識をリセットして一度そう考えてみてはどうだろうか。

タリバンの復権を契機に、アジアの上海協力機構が大きく動き出したことは既に述べた。上海協力機構の中核メンバーであった中国とロシアは今や中華帝国、ロシア帝国の復活の野望を公然と語り（※105）、文明圏の再編によるより公正な世界の実現を目指し、現行の世界秩序と欧米の覇権に挑戦している。そしてアフガニスタンは地政学的、文明論的にイスラーム文明、インド文明、中華文明、東方正教ロシア文明、西欧文明が交差する文明のフォルトラインにあり、ムガル帝国の継承国家であるアフガニスタンはインド・イスラーム文明にも属するが（※106）そのイスラームの基層はホラサン地方のイラン・イスラーム文化であり、またハナフィー法学派とナクシュバンディー・ムジャッディディー教団（※107）のネットワークによって新オスマン主義とも深くつながっている（※108）。ロシアのウクライナ侵攻以降、中露の帝国化と、地域ブロックが加速しつつあるユーラシアにおいてアフガニスタンは台風の目となっている。

それに加えてもう一つのムガル帝国の継承国家であるパキスタンが2022年4月のイムラーン・ハーン首相の解任後の混乱に加えて気候変動がもたらした大雨による洪水のせ

※105　峯村健司『ウクライナ戦争と米中対立　帝国主義に逆襲される世界』（幻冬舎2022年8月）274－275頁参照。

いで国土の3分の1が水没し、政情不安が危機的レベルに達しつつあることによって、アフガニスタンとパキスタンのパワーバランスが大きく変わる可能性がある。インド文明圏では2022年7月にスリランカが国家破綻したが、2024年8月5日にはバングラデシュで民衆の抗議運動によりシェイク・ハシナ政権が崩壊した。親インドのハシナ政権の崩壊は、1971年のパキスタンからの独立以来の親インドの国策の転機となるかもしれない。インド文明の再編において、いかなる可能性も排除することはできない。アフガニスタンのタリバン政権が主導するシン・ムガル主義を、「自由で開かれたインド太平洋」構想や、一帯一路、QUADなどと並ぶ有力なオルタナティブとして考えるべき時代を我々は迎えているのである。

※106　南アジア地域研究者の笠井亮平は、デリーからタジキスタンの首都ドウシャンベまでの距離（約１３５０㎞）がコルカタ（約１４７０㎞）やベンガルール（約２１５０㎞）までよりも近く、ムガル帝国初代皇帝バーブルがウズベキスタン出身だったのを例にあげ、インドと中央アジアとの歴史的・文化的な「近さ」と地上でのアクセスの困難さゆえの「遠さ」を指摘した上で、インドが「拡大近隣（extended neighborhood）」外交を繰り広げていると述べ、その拡大近隣には「近くて遠い」中央アジアが含まれている、と述べる。インドは２０１４年のインド人民党（ＢＪＰ）のモディ政権成立以降、特に核燃料ウランの輸入先の80％を占めるカザフスタンを重要視しており、対中央アジア関係を強化し、２０１７年には上海協力機構にも加盟した。しかしインドにとって中央アジアへのコネクタビリティ強化のためのアクセスは、３度にわたって戦火を交え現在もカシミール問題という重大な治安リスクを抱える仮想敵国パキスタンを迂回するのが自然である。それゆえインドはパキスタン国境に近いイラン南東部のチャーバハール港開発に参加し、ムンバイなどから海路でイランにアクセスしアフガニスタン経由で中央アジアに向かう前提の戦略を構想し、タリバンを無視してカルザイ政権、アシュラフ・ガニー政権に肩入れしてきた。ところがタリバンの復権によってインドの中央アジアへのアクセス構想は完全に頓挫することになったため、インドは「テロ」リスク管理の観点からアフガニスタン情勢をめぐっては中央アジア諸国との連携を図り、２０２２年12月にはアフガニスタン情勢への対処を主要課題とする「インド・中央アジア国家安全保障担当補佐官会合」の第１回会合をデリーで開催している。笠井亮平「２０２３年度外交・安全保障事業『近くて遠い』中央アジアをどうつなげるか　―　インドの中央アジア政策と中東を介したコネクティビティ」『ＭＥＩＪ（中東調査会）コメンタリー』№５（２０２４年４月11日）参照。

※107　“Deobandis”, *The Oxford Encyclopedia of the Islamic World.*　２０２２年10月、トルコ最大級のナクシュバンディー・ムジャッディディー支教団イスマイル・アー教団の代表がアフガニスタンを訪れハッカーニー内相、ムッタキー外相らと会見し、マドラサ（イスラーム神学校）開設に資金を提供した。またトルコのディヤルバクルでイスラーム学者・マドラサ連合主催で開催された「第７回イスラーム学者会議」に、ザビフラ・ムジャヒド報道官らタリバンの代表団が参加している。Cf., “İsmailağa Cemaati Afganistan'a giderek Taliban'in elini öptü: Taliban Diyarbakır'a gelip, sözde Kürdistan'a destek vermişti Geçtiğimiz günlerde hayatını kaybeden Mahmut Ustaosmanoğlu'nun şeyhi olduğu İsmailağa Cemaati mensupları Afganistan'a giderek”, *Yeniçağ*, 2022/10/27, “Zabihullah Mujahid, the spokesperson of the Taliban, attended an Islamic scholars conference in the Kurdish-majority southeastern city of Diyarbakır, saying that the Taliban "recognizes Kurdistan."”, *Bianet*, 2022/10/19.

※108　ネオ・ムガル主義のネオ・オスマン主義との関係についてはAntonopoulos, “Indian-Greek ties”, *The Week* (2021/01/27) 参照。

結びに替えて

2024年8月15日現在、アフガニスタン・イスラーム首長国（タリバン政権）を国家承認している国家は存在しない。各国の代表を決める国連総会の信任状委員会もアフガニスタンの代表権をめぐる決定を延期しているため、国連もまたアフガニスタン・イスラーム首長国をアフガニスタン政府と認めていないことになる。国連憲章には代表権承認の基準は規定されていないが、学説上、最重要であり異論のない条件は支配の実効性である（※109）。大統領が逃亡し政権が崩壊して亡命政権すら作れなかった旧政権と全土に実効支配を及ぼしているタリバン政権ではそもそも選択の余地がない。

本書が明らかにした通り、アフガニスタンに平和と法秩序を回復させた「正当政権」タリバン（アフガニスタン・イスラーム首長国）の排除のためにアメリカが主導する欧米諸国による武力行使を国連が認めたことがそもそも今日のアフガニスタンの惨状を招いた諸悪の根源だったのであり、国連がタリバンに要求できることは何もない。むしろウクライナ戦争、ガザ戦争で無力と無策を露呈した国連が、名誉を挽回しその存在意義を示すことができるのか、それともこのままその歴史的使命を終え、過去の遺物に成り下がるか、鼎の軽重を問われているのはむしろ国連の方なのである。

中露をはじめとして周辺国は次々と国家承認にこだわることなく、アフガニスタン大使館をタリバン政権に引き渡し、名目的に大使がいないだけで、タリバン政権から代表を迎え、通常の大使館業務を徐々に再開している（※110）。アフガニスタンは古来、東西交易路、シルクロードの要衝であっただけでなく、1兆ドルにのぼる天然資源を有すると言われており（※111）、中国をはじめ多くの国々が食指を伸ばしている。

そもそも国連（United Nations）自体、自由平等な主権国家が理念に基づいて入念に設計して民主的に設立したものではなく、第二次世界大戦の帝国主義列強の戦勝国側（連合国United Nations）が衣替えしたものでしかない。

※109　他には国民の一般的な同意、外国の干渉がない政権の自主性、憲章上の義務を履行する意志と能力などがあげられる。山下康夫「国際連合における中国代表権問題」『アジア研究』3巻1号（1956年）20－24頁参照。

※110　2023年12月現在で、16か国の大使館でタリバン政権の派遣した外交官が活動しているという。青木健太「ターリバーンによる統治と中国の存在感の増大」580頁参照。

※111　石原孝「『1兆ドル』の資源眠るアフガン　熱視線の中国、交錯する不安と期待」（2023年8月15日『朝日新聞デジタル』参照。

エマニュエル・トッド

ガザ戦争以降、世界の構図はエマニュエル・トッドが「西洋対世界」と呼ぶロシアと中国を含めたグローバルサウスと欧米（＋日本）の対立に置き換わりつつある。その状況を反映して国連がこの対立の調停機能を失い、西洋帝国主義列強の戦勝国の代弁者として振る舞い続けるなら、グローバルサウスのハートランドであるアジアでは国連に代わって今や世界最大の地域協力機構に成長した上海協力機構が安全保障外交の調整役となり、欧米を排除してのシン・ムガル主義帝国アフガニスタンの封じ込め（containment）を最大の「裏アジェンダ」に、それぞれ中華文明、東方正教ロシア文明、スンナ派イスラーム文明、シーア派イスラーム文明、インド文明の文明圏の盟主として帝国の再興をはかるシン・中華帝国（中華人民共和国）、シン・ロシア帝国（ロシア共和国）、シン・オスマン帝国（トルコ共和国）、シン・ペルシャ帝国（イラン・イスラーム共和国）、そしてシン・インド帝国の樹立を夢見るインド共和国の帝

国の復興と文明の再編のプラットフォームとして定義し直されるシナリオが現実性を帯びてくる。

２０２４年6月30日－7月1日、国連主催の第3回ドーハ会合が開催された。「ドーハ会合」は２０２３年5月にグテーレス事務総長のイニシアチブで立ち上げられたものであったが、第1回会合にはタリバンの代表は招待されず、第2回会合ではタリバン側が招待を拒否して参加しなかった。第3回会合は初めてタリバンの公式代表が参加した最初の会合であった。

タリバンは第3回会合に参加の意向を表明していたが(※112)、6月11日の広報で以下のように述べて「モスクワ・フォーマット」のテヘラン会合へは不参加を発表した。


　アフガニスタンの代表団の主張に耳を傾けず、挙国一致内閣の樹立や女性の権利のような偏った内政問題だけをクローズアップするなら、それは無意味であり、有害ですらある。アフガニスタンの旧政権の残党の領袖たちは、外国勢力と密約を結

※112　Cf., Ayaz Gul, "Taliban appear set to take part in UN-organized Doha meeting on Afghanistan", VOA (*Voice of America*), 2024/05/29.

んで売国奴となって政財界に返り咲こうとせず、粘り強いアフガニスタン国民の希望、願望、切望に配慮し、本当に国益にかなう経済問題についての議論に見返りを求めず無条件に参加し、問題解決に協力しなくてはならない。

これまでアフガニスタン国民は無数の苦難を耐え、命を落とし、家を失い、そして国から追われ、多くの犠牲を払いながらも艱難辛苦を耐え忍んでいくつもの超大国の介入を撥ね退けてきた。それゆえアフガニスタン国民は価値観、信仰、国益においていかなる譲歩も妥協もしないことを知らねばならない。そのことを理解せず、「モスクワ・フォーマット」の開催諸国が、我々アフガン人に圧力をかけるための道具として会合を開くかのような威圧的なそぶりを見せるなら、我々はそのような理不尽な会合に参加することはない（※113）。

この論説は、欧米による経済制裁と外交的な孤立の中でアフガニスタンが周辺国との実務的な経済文化交流を進めるプラットフォームとしてロシアのイニシアティブで設立された「モスクワ・フォーマット」のようなタリバンにとって大切な機関であっても、アフガニスタン・イスラーム文化を破壊する内政干渉は断固拒否するとのタリバンの立場を改めて確認するものであった。

この問題を英文の広報で大きく取り上げたのは、当然6月29－30日にドーハで国連事務総長の呼びかけで開催される国連アフガニスタン周辺国会議に対する牽制であり、「包括政府」の樹立や「自由な女子教育」を認めろといったアフガニスタンの現実もイスラームの教えも知らぬ無知で愚かな内政干渉を止めろ、との警告であり、これは6月30日－7月1日の第3回ドーハ会合に対する牽制であった。

第2回会合は「イスラーム首長国（タリバン）」をアフガニスタンの唯一の代表として認めよ」との条件が受け入れられなかったためタリバンが参加せず失敗に終わった。その失敗に鑑み、国連側がアフガニスタンの発展と国際社会への復帰にとって有害無益な、海外に逃亡した旧政権の残党や女性団体などを排除し、タリバンをアフガニスタンの代表と認めて、交渉の席に着いたことは一応評価できる。

(1)銀行部門に対するすべての制限と制裁の撤廃。(2)アフガニスタン中央銀行の預金凍結解除。(3)アフガニスタンでは麻薬の収穫、売買、加工が全面的に禁止されているため、ア

※113 “Participation in Afghanistan-focused conferences should be conditional”, *The Afghanistan Official Voice*, 2024/06/11.

フガニスタンの農民に代替の生計手段を提供すること（※114）の3項目を喫緊の課題として会議に臨んだザビウッラー・ムジャーヒド報道官は、会合で「現在、アフガニスタンは経済制裁により苦しんでおり、制裁解除が喫緊の課題である。イスラーム首長国は麻薬問題に真剣に取り組んでおり、肯定的に評価されるべきである。イスラーム首長国は経済中心アプローチを採用しており、例えばウズベキスタンと鉄道敷設で連携する他、トルクメニスタンとはTAPIガスパイプライン事業で協力している。イスラーム首長国は各国との前向きな関係構築を望んでいる。ガザ情勢を見てわかる通り、虐殺を支持する欧米諸国の側に人権についてレクチャーする権利はない」との演説を行った（※115）。

青木健太が「そもそも、ロシア、中国、中央アジア諸国、パキスタン、イラン等の国々はターリバーン代表団を自国に招待したり、同勢力と頻繁に接触したりしてきた。すなわち、今次会合は、ターリバーンとの関与をためらってきた欧米諸国とターリバーンとの間での初の国際会合開催という点では新しいが、対話相手を欧米に限定しなければ特段目新しい話ではないともいえる」と述べている通り、今回のドーハ会合は、これまでアフガニスタンの国際社会復帰を妨げてきた欧米諸国等に機会を与えるものである。というのは、欧米が女性やマイノリティの政治参加などのイデオロギーの押し付けに血道をあげて、タリバン政権との関与を戸惑っている現状は、中露などにとっては、むしろ欧米をアジアから締め出す好機とも言えるからである（※116）。

しかし国連は事務総長が欠席したのみならず、参加したカナダ代表のデイビッド・スプロールが、女性擁護団体や人権団体を含むタリバン以外のアフガニスタン人参加者が除外されたことへの失望を表明し、女性の平等な参加が不可欠であるとの、20年にわたって失敗を繰り返してきた手垢のついたイデオロギーの押し付けの内政干渉を飽きもせずに行った（※117）。

二重基準の「人権」を振りかざす欧米にグローバルサウスはもはや聞く耳を持たないことは、ムジャーヒド報道官が基調演説で「ガザ情勢を見てわかる通り、虐殺を支持する欧米諸国の側に人権についてレクチャーする権利はない」と明言していた通りである。この

※114　https://x.com/Alemarahenglish/status/1807466233731653829
※115　青木健太「国連主催の第3回ドーハ会合にターリバーン代表団が参加」（No.40）２０２４年7月3日付『中東かわら版』参照。
※116　タリバンにとっても国連や欧米の承認には大きな意味はない。第2回会合へのタリバンの不参加について青木は「中国を始めターリバーンを事実上承認する国も一部ある中、ターリバーンとしては、人権の遵守を求める欧米に譲歩するよりも、むしろ内政に立ち入らない中国、ロシア、イラン等の国々と関係を強化してゆく方が得策と考えても不思議ではない」と評価している。青木健太「アフガニスタン：国連主催会合がターリバーン不在で終幕」『中東かわら版』No.１７４（公開日：２０２４／02／20）参照。

ような時代錯誤の妄言を徒《いたずら》に吐き散らすばかりの欧米諸国が、タリバン政権と対等に交渉で渡り合えるかどうかは極めて怪しいのは、青木が第3回会合を総括して以下のように述べている通りである。

ターリバーン指導部の考えを変えることは容易ではない点に留意が要る。ターリバーンは今次会合で、女性の権利を巡る問題への言及を避け、代わりに欧米による経済制裁や在外凍結資産の解除、並びに、成果を挙げている麻薬問題を議題に取り上げる戦法を取った。ターリバーンはイスラーム法とアフガニスタンの伝統・慣習に則って国の運営を進めていると主張しつつ、アフガニスタン社会に存在する諸問題への外国からの口出しは内政干渉に当たるとの論法を押し通してきた。この論法がターリバーンに責任を負わせることを著しく困難にしているため、これを崩さない限り社会状況を変えることは難しいだろう（※118）。

ガザ戦争以降の欧米の動向を見る限り、大きな期待を抱くのは禁物だが、筆者は、国連の今後の対応次第では、アフガニスタンを西洋側に繋ぎとめることも可能であり、それに日本が独自の貢献を果たしうると考えている。ここで注目に値するのは5月5日付のタリバン政権の広報 *The Afghanistan Official Voice* に掲載された記事“Head of political office meets president of Sasakawa Peace Foundation”である。カタルのドーハのアフガニスタン・イスラーム首長国（タリバン政権）政治局事務所長のスハイル・シャーヒン報道官がクアラルンプールでマレーシア外務省のシンクタンク「バイト・アル＝アマーナ」で笹川平和財団の角南篤理事長（政策研究大学院大学学長特別補佐・客員教授）と会談し、人道支援、就労支援、学術交流などについて話し合った、との記事である（※119）。

実は6月1日付 *The Afghanistan Official Voice* によると在マレーシアのタリバン大使は

※117 Cf., Ivan Golden, “Canada Criticizes UN Meeting on Afghanistan Canada's Special Representative condemns the exclusion of Afghan women from UN sessions, emphasizing the need for inclusivity in peace efforts”, *THX News*, 2024/07/01.
日本では、ドーハ会合に対して現地の女性支援団体が反発しているなどと報道されているが、【コラム：タリバンと女性問題】で詳述した通り、彼らは過去の利権にしがみつくだけで、国家の将来に対するビジョンも持たず、国内的な支持も得ていない。諸文明の懸け橋としてより公正な世界の実現に寄与する形でアフガニスタンが国際社会に復帰することを望むなら、アフガニスタンの実態も知らず二重基準の利権集団でしかない国連や欧米のメディアの虚報に惑わされず、冷戦思考の先入観を捨て、広い地政学的／文明論的視野からタリバンとの対話に臨むことが求められる。

※118 青木健太「国連主催の第3回ドーハ会合にターリバーン代表団が参加」２０２４年7月3日付『中東かわら版』参照。

※119 Cf., “Head of political office meets president of Sasakawa Peace Foundation”, *The Afghanistan Official Voice*, 2024/05/05.

プルリス州のムフティとプルリス・イスラーム大学の学長と、アフガニスタンへの経済投資、留学生支援などについて会談を行っている（※120）。つまり、ムスリム国家でありながら欧米や日本ともパイプがあるマレーシアとタリバン政権の間にはイスラーム学ネットワークの信頼関係が構築されており、笹川平和財団がそのネットワークにアクセスしてタリバン政権と学術交流を行い、国連や欧米のメディアの反タリバン・プロパガンダ、フェイクニュースを検証しタリバン政権の実態を明らかにして欧米向けに発信し、それによって国連や西側世論を動かし制裁解除の流れを作り出すことができれば、中村医師とペシャワール会が築いたタリバンの日本への肯定的な評価をフックに、日本は欧米からの不当な仕打ちからグローバルサウス陣営に加わることを余儀なくされようとしているアフガニスタンを「国際社会」に引きとどめ、中華文明、東方正教ロシア文明、スンナ派イスラーム文明、シーア派イスラーム文明、インド文明、そして西欧文明が交差するフォルトライン国家という本来の立ち位置に戻すことができる。

歴史的に中国文明、東アジア漢字文化圏の周縁の孤立文明でありながら、明治維新の脱亜入欧、西洋化による近代化、殖産興業、富国強兵政策で帝国主義列強の仲間入りを果たしアメリカの属国として近代西洋文明にも片足を突っ込み、また同時にロシアと国境未決の隣国でもある日本は、その独自の文明史的、地政学的立場から、アフガニスタンにおいて西洋と諸文明の懸け橋となることができる。

それによって我々はやっと先人たちが幻視した大東亜共栄圏の悪夢から覚めることができる。筆者はそう信じている。

※120　Cf., "IEA Ambassador Meets President of Islamic University in Malaysia", *The Afghanistan Official Voice*, 2024/06/01.

［後書］激動の時代を捉える目

2021年8月15日、アシュラフ・ガニー大統領が逃亡しアフガニスタン・イスラーム共和国が一日で雲散霧消し、タリバンがカブールに無血入城し20年を経て再びイスラーム首長国の旗を立てると予想していた者がどれだけいただろうか。そしてその時点で、それから半年余りを経てロシアがウクライナに侵攻し欧米を巻き込む泥沼の消耗戦となり、さらにそれから約1年半後にガザ戦争が勃発し半年以上が経っても先行きが見えず世界が西洋とグローバルサウスに分断される事態に陥ると誰が想像しただろうか。

我々は将来の見通しが立たない激動の時代を生きている。筆者はそれを帝国の復興と文明の再編の時代と呼び、シン・ムガル主義のタリバン政権は、その台風の目となると考えている。しかし私見によると、それは巨視的にはニーチェが予言したニヒリズムの2世紀（20－21世紀）の後半の始まりの時代相として分析すべき現象である（※121）。しかしそれについては稿を改めて論じることにしたい。

※121　エマニュエル・トッドも、「ニヒリズム」が現代の時代相の理解の鍵であることに気付いている。トッドは述べている。

　この言葉（「ニヒリズム（虚無主義）NIHILISM」）は、１９３０年代にドイツが陥った狂気を理解するために使われた概念です。もちろん、今のアメリカで起きていることは同じではありません。このニヒリズムが意味するように、戦争や破壊に魅了され、現実の破壊や否定を始めることは、本当に危険なことです。…中略…ワシントンの人々は、もはや１９５０年から１９８０年にかけて政権を担っていたような伝統的なエリートではありません。当時のアメリカには、かなり首尾一貫した白人プロテスタント、つまりアングロサクソンのエリートがいました。人々がジョークや批判を込めて、ＷＡＳＰ（ホワイト・アングロ・サクソン・プロテスタントの略称）と呼んでいた人たちです。ＷＡＳＰのエリートは、いろいろな意味で馬鹿げていましたが、大統領としてルーズベルトとアイゼンハワーを輩出するなどしました。今のアメリカに典型的なのは、プロテスタントという中核の完全な崩壊です。現在、アメリカで起こっていることを理解するためには、プロテスタント文化がアメリカやイギリスにおいて「いかに重要であったか」を理解する必要があります。イギリスでも、プロテスタントの崩壊は並行して進んでいます。これは、最終的に、プロテスタント的価値観の完全な消滅という災厄にまで行きつくでしょう。つまり、それは「労働倫理」の消滅です。経済学における道徳の基本概念の消滅を意味します。そしてこのことが、すべての経済的機能不全の理解を可能にします。これにより、アメリカを支える宗教的な核が消滅したため、過去に戻ることはないと予測することが可能になります。エマニュエル・トッド《アメリカは「ニヒリズム」に支配されている》（『人類の終着点　戦争、ＡＩ、ヒューマニティの未来』#2）（２０２４年3月28日）『集英社オンライン』(https://shueisha.online/articles/-/201972）参照

2024年6月5日、ロシアのサンクトペテルブルクで開催されたサンクトペテルブルク国際経済フォーラム（SPIEF）に参加したタリバン政権のアブドゥル・ハナン・オマリ労働社会大臣率いるアフガニスタン代表団。国際社会の舞台に躍り出てきている。

中田　考（なかた こう）

イスラーム法学者。1960年生まれ。イブン・ハルドゥーン大学（トルコ・イスタンブール）客員教授。一神教学際研究センター客員フェロー。83年イスラーム入信。ムスリム名ハサン。灘中学校、灘高等学校卒。早稲田大学政治経済学部中退。東京大学文学部卒業。東京大学大学院人文科学研究科修士課程修了。カイロ大学大学院哲学科博士課程修了（哲学博士）。クルアーン釈義免状取得、ハナフィー派法学修学免状取得、在サウジアラビア日本国大使館専門調査員、山口大学教育学部助教授、同志社大学神学部教授、日本ムスリム協会理事などを歴任。現在、都内要町のイベントバー「エデン」にて若者の人生相談や最新中東事情、さらには萌え系オタク文学などを講義し、20代の学生から迷える中高年層まで絶大なる支持を得ている。著書に『イスラームの論理』、『イスラーム　生と死と聖戦』、『帝国の復興と啓蒙の未来』、『増補新版　イスラーム法とは何か？』、『みんなちがって、みんなダメ　身の程を知る劇薬人生論』、『13歳からの世界制服』、『俺の妹がカリフなわけがない！』、『ハサン中田考のマンガでわかるイスラーム入門』『タリバン　復権の真実』など多数。

ベスト新書
616

宗教地政学《しゅうきょうちせいがく》で読《よ》み解《と》く
タリバン復権《ふっけん》と世界再編《せかいさいへん》

二〇二四年一〇月五日　初版第一刷発行

著者◎中田《なかた》　考《こう》

発行者◎鈴木康成
発行所◎株式会社ベストセラーズ
　東京都文京区音羽一-一五-一五
　シティ音羽二階　〒112-0013
　電話　03-6304-1832(編集)　03-6304-1603(営業)
　https://www.bestsellers.co.jp
装幀◎フロッグキングスタジオ
写真◎アフロ、ゲッティイメージズ、内藤正典
印刷製本◎錦明印刷
DTP◎オノ・エーワン

ISBN978-4-584-12616-5 C0295